江戸色街散歩

岩永 文夫
Iwanaga Fumio

ベスト新書
407

はじめに

色街《いろまち》とは不思議な世界である。見る人によっては、それぞれまったく異なったものに見えるからだ。とても物騒《ぶっそう》で危険な街と見る人もいるだろう。また、淫靡《いんび》で地獄のような世界だと観じる人もいるかもしれない。はたまた桃源郷《とうげんきょう》のような素晴らしい男の世界だと思う人もいるだろう。

江戸時代にだって、色街を苦海《くかい》と称した人もいれば、そんな海の中にポッカリ浮かんだ岡のような楽しい場所だと言った人もいた。

これすべて色街の諸相《しょそう》をとらえているわけで、どれがどうともいい切れないところである。

そのような、ともすると百面相《ひゃくめんそう》ぶりを発揮する色街という世界を足の赴《おもむ》くままに歩きまわって、江戸の昔から今日までの、その移ろい具合を眺めてみたら面白いのでは、ということで始まったのが本書の企画の発端であった。

それにしても本書を書くにあたって、はたして色街探索が先なのか、散歩が先なのか。こんな他愛のないことがフワフワと頭のなかに何度も浮かんでは消えていった。

というのも筆者にとっては、散歩も色街探索もとても身近な事柄であって、後先のつけられない不可分なものだからである。散歩は筆者の大好きな趣味であり、色街探索は数十年来続けてきたフーゾク記者としての仕事だからである。

それで、タイトルをつける時にも、原稿を書く時にも、やはり色街探索が先に来るのか散歩が先に来るのかと。そしてある時に思いついたのだ。え〜い二つを一つに引っくるめて一本にしたら、どうにかなるのではと……。

筆者なりの言い方をすれば、色街跡のなかをノタクリ廻《まわ》って、目にするもの耳にするものを手掛かりに色街のイロイロを自分なりに実感してみたいと。

筆者は長い記者生活を通して最近では、色街とは単に地図上に存在する町ではないのではと思うようになっている。ならば一体何なんだ？　という質問が鸚鵡《おうむ》返しに帰ってきそうだが。

色街とは、それ自体が生き物だと思っているのだ。それもその時代時代で様々な意志を持つ一まとめには括《くく》れない生き物だと。何十年も、その世界に親しんでいても、日々刻々に変化していくのである。それがさらに何百年も昔からのことになるともう大変なことになる。

群盲《ぐんもう》象を撫《な》でるの譬《たと》えがあるが、一頓珍漢《いちとんちんかん》、像《ぞう》を弄《いじ》る程度の繰返しを筆者は数十年にわたってやってきたのであろう。だが、地図の上に固定化されたものではなく、やたら巨《おお》きな生き物としてみたら、この色街というものの面白さはいや増すばかりなのだ。

そして色街とは、より多くの人が出入りして動き回る盛り場でもある。盛り場には欲望が渦巻いている。功名《こうみょう》につながる欲望もあれば性につながる欲望もある。どちらもセイコウに結びついているところが面白い。などと戯言《たわごと》を独り言《ご》ちつつ町の中へと散歩をしに出かけてみた。

という何が何やらよくわからないドガチャカのなかで本書は日の目を見た次第だ。そう色街探索と散歩のドッキングが、このような体裁になったということなのだが。

かくて江戸の吉原《よしわら》も岡場所《おかばしょ》も、浅草の十二階下《じゅうにかいした》の私娼窟《ししょうくつ》も、戦後の新宿も、一緒くたにしてまとめあげた色街散歩である。

目次

■写真提供

アフロ
フジワラコウエイ
フォトライブラリー
MeijiShowa(http://www.meijishowa.com)
東京都立中央図書館特別文庫室
中央区立京橋図書館
国立国会図書館（キャプションに国立国会図書館と明示しておりますものは国立国会図書館デジタル化資料より転載したものです。）

▲広重『東都三十六景』吉原仲之町
国立国会図書館

第一章

江戸吉原散歩、色街の変遷をたどる

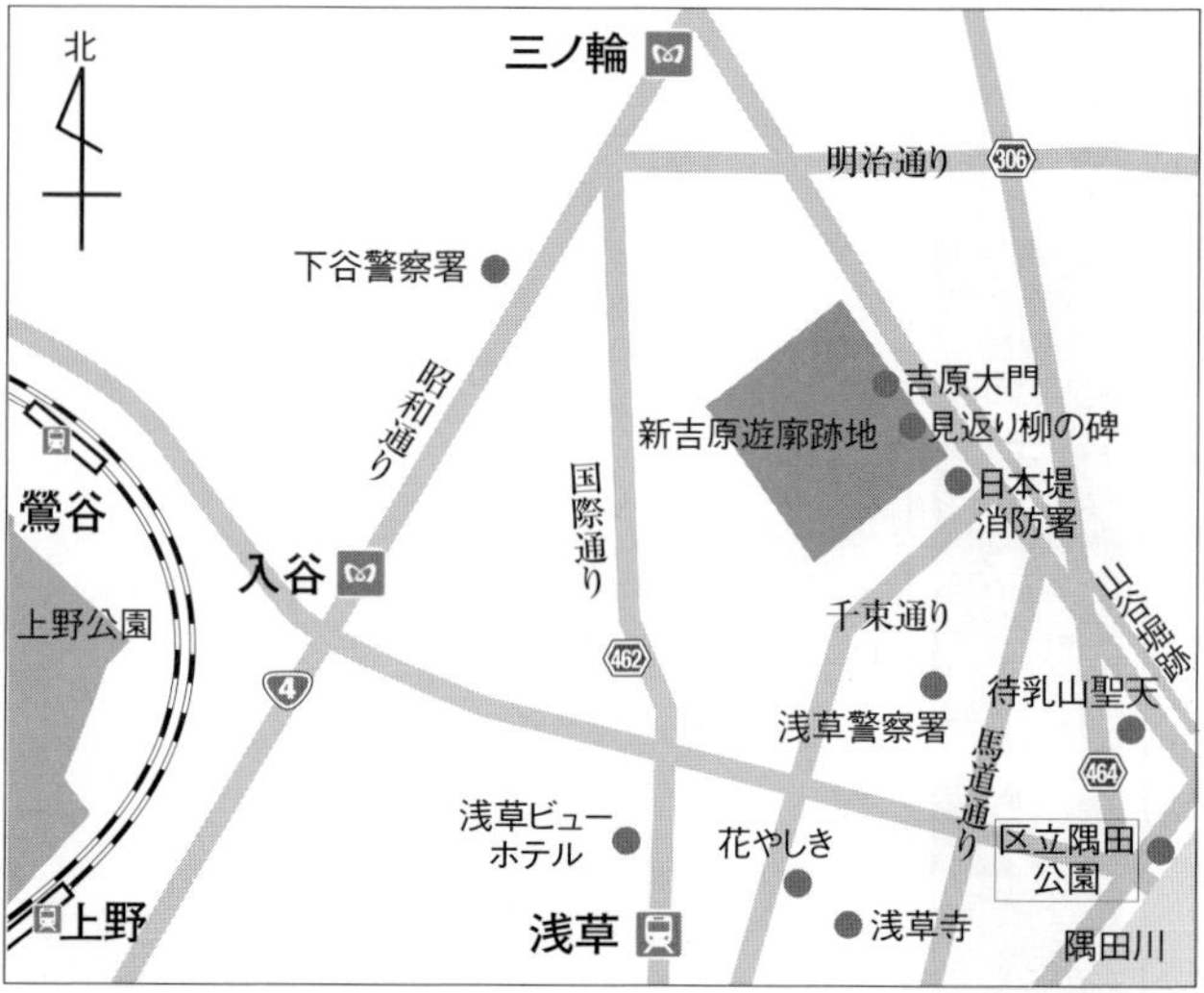

▲第一章関連略図

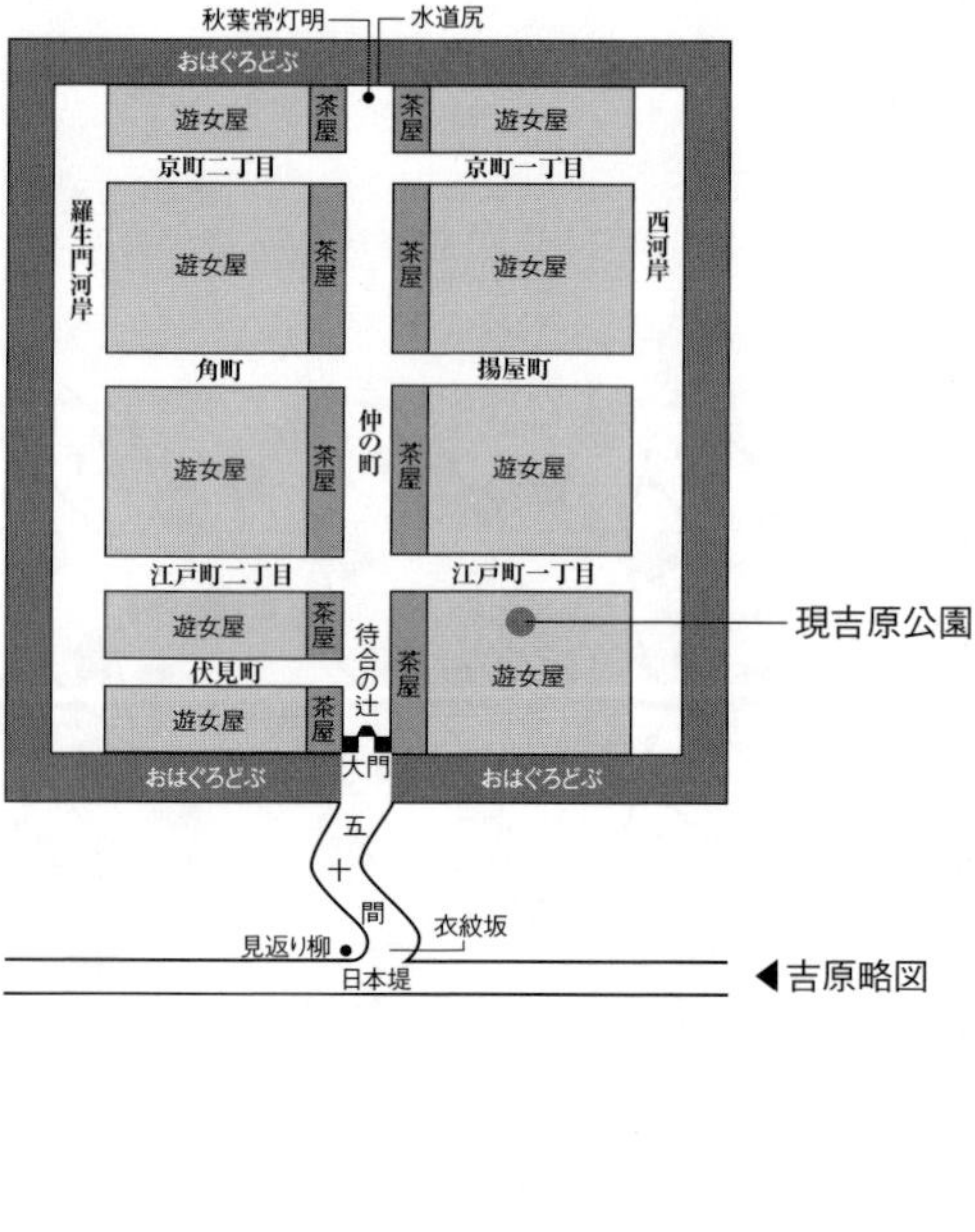

◀吉原略図

◆花見の名所を通って、浅草から吉原へブラリ歩き

吉原《よしわら》へ行こう。それも、今風に当たり前な、浅草からタクシーに乗ってスイーッと行くのではなく。江戸の昔を偲《しの》びつつ浅草の吾妻橋《あづまばし》のたもとの交差点から、花川戸《はなかわど》を通って大《おお》川端《かわばた》（隅田川の堤防沿い）というか隅田公園《すみだこうえん》に沿って歩いてみる行き方で。

ところで吉原への散歩は、本来オール・シーズンＯＫのものではあるけれど。筆者はどうも〝華の吉原〟の表現がいつも頭のなかにあるからなのか春爛満《はるらんまん》、桜花《おうか》満開の時期に出かけるのがベストなような気がしてならない。

それに、浅草からアプローチする吉原道《よしわらみち》は桜が本当に美しいのだ。隅田公園にしても山《さん》谷堀《やぼり》公園にしても、である。

道すがらの隅田公園といえば、桜の名所として以前から人気のあるところ。そこに持ってきての、大川《おおかわ》（隅田川）越しに人気のスカイツリーが丸見えの観光スポットになってしまったのだから。これからは、さらに桜の季節ともなると花見客でごった返すのだろう。

ついでに、江戸の時代の花見の名所を挙げておくと、本所隅田堤《ほんじょすみだづつみ》（向島《むこうじま》）を筆頭に上《うえ》野山内《のさんない》、飛鳥山《あすかやま》、道灌山《どうかんやま》、高輪御殿山《たかなわごてんやま》、品川来福寺《しながわらいふくじ》、青山仙寿院《あおやませんじゅいん》、浅草観音《あさくさかんのん》それと小金井《こがねい》

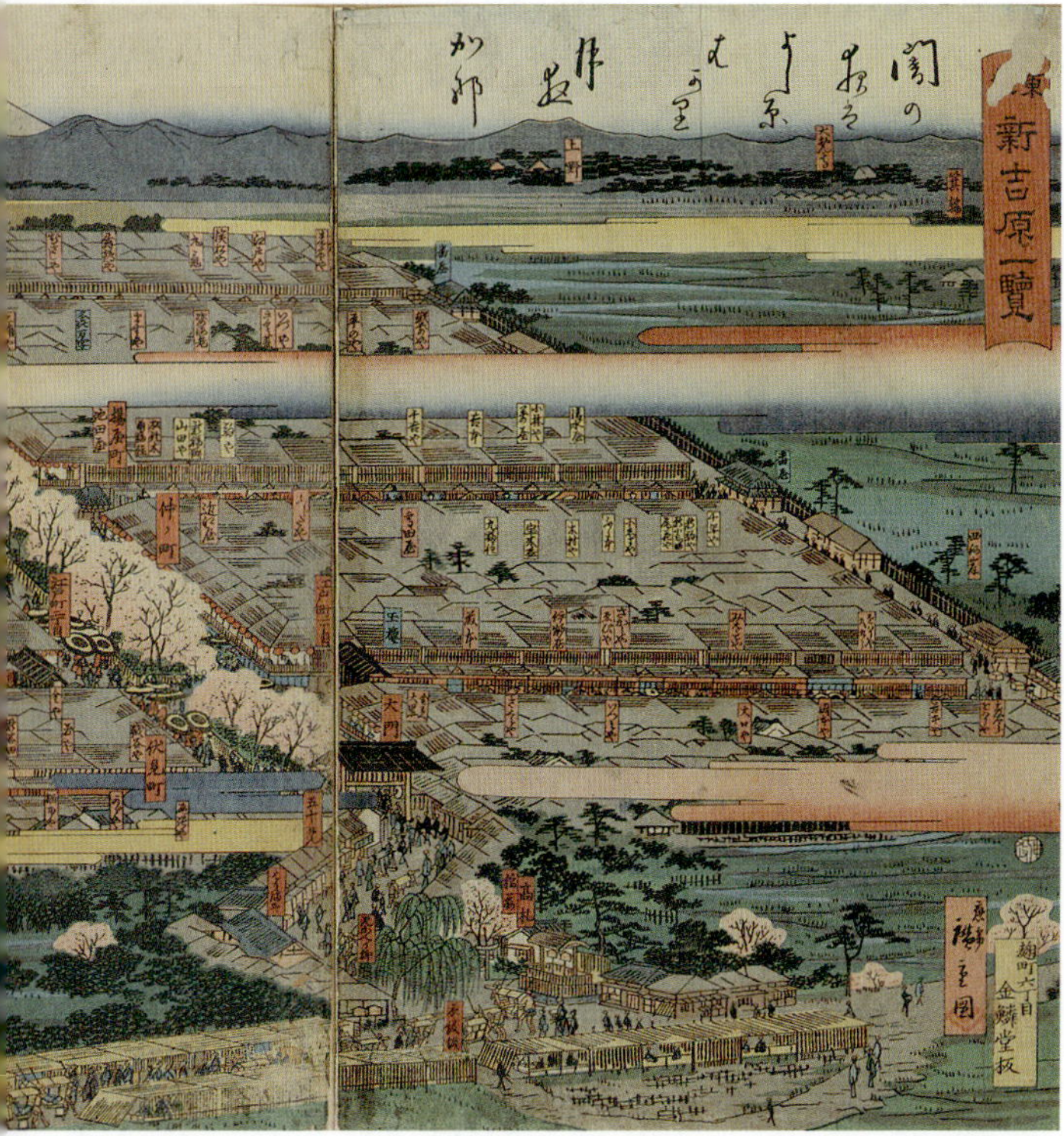
新吉原一覧
上野
大門
伏見町
麹町六目
金鱗堂板

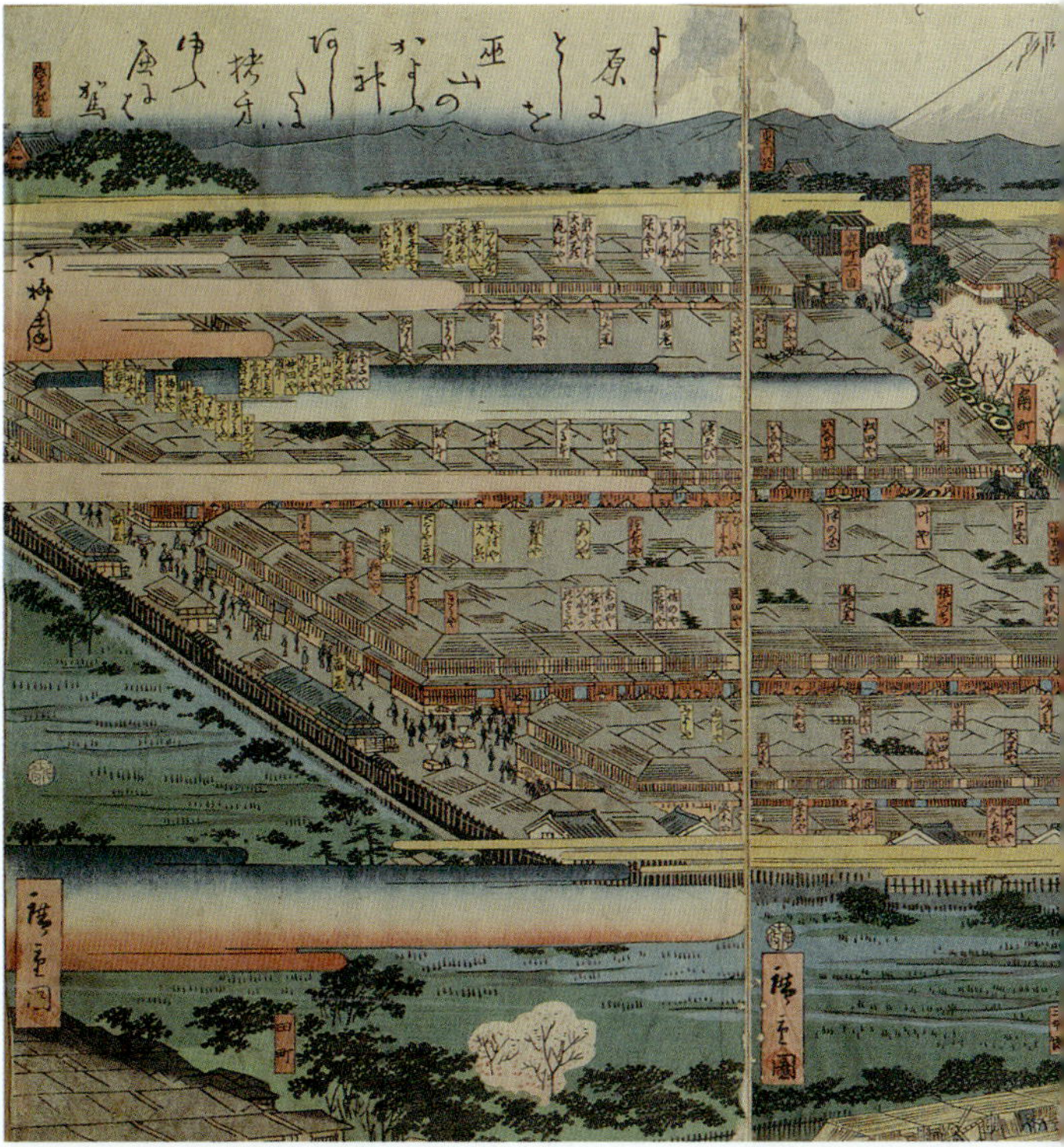

▲田んぼの中に突然出現した桃源郷(とうげんきょう)。だが名物は桃ではなく桜であった。
広重『新吉原一覧』東京都立中央図書館特別文庫室所蔵

などが人気のスポットだった。こと桜に関しては、現在とさほど変わりはないようである。話が、わき道に逸《そ》れたついでに触れておくと、そのような花見の名所の近くには多く色街《いろまち》が控えていた。隅田堤には向島《むこうじま》が、上野には山下《やました》と広小路《ひろこうじ》が、飛鳥山には王子《おうじ》が、道灌山には谷中《やなか》が、高輪の地続きで、品川の街のなかには来福寺があるといった具合で。花見をダシ（口実）にして遊所《ゆうじょ》へと出掛ける。花見と遊び場とは切っても切れない縁で昔から結ばれていた。

そんなこんなの花見の騒ぎをやりすごして歩いていく。と、左手に小高い丘があって、寺院の境内《けいだい》になっている。浅草寺《せんそうじ》の末寺《まつじ》本竜院《ほんりゅういん》の本堂《ほんどう》聖天宮《しょうてんぐう》が鎮座する待乳山《まつちやま》である。

待乳《まつち》とは真土《まつち》のことで、ここが造成地でなく大昔から陸地であったことを示す地名である。このあたり、武蔵野《むさしの》台地の東のはずれ、それも東京湾がかつて深く食い込んでいた河口近くの海岸にあたる所であった。川と海の浸食にもめげずに陸地としてあり続けたというから「真土」なのである。

地の人というか江戸っ子は、待乳山《まつちやま》の聖天様《しょうてんさま》をショウテンサマとは発音せずにショウデンサマ（サン）と呼んだ。江戸言葉と標準語は、こと発音に関しては大いに違うところがある。いってみればベランメエも含めて江戸訛《なま》りなのである。

このショウデンサマのお隣には、今戸橋《いまどばし》という橋がある。今戸《いまど》といえば、おもに生活雑

▲『東京名所』浅草待乳山右手奥が山谷堀、架かって居る橋が今戸橋。 中央区立京橋図書館

◀待乳山聖天

▶現在も馬道通りに在る町家造り風の食い物屋二軒。ケトバシの中江と土手の伊勢屋。

器として使われた素焼きの土器の今戸焼《いまどやき》で有名なところ。雑器だけでなく人形も作っていたが、これはあまり見場の良いものでなかった。そこから昔は顔の造作の決して美しくない女性のことを今戸焼といった。失礼ながら参考までに。

今戸橋が架かっていたのが山谷堀《さんやぼり》である。江戸時代ならば柳橋《やなぎばし》、浅草橋《あさくさばし》、遠くは品川、汐留《しおどめ》あたりから乗った猪牙舟《ちょきぶね》が、大川から華の吉原に向かうべく左に折れて入る堀である。その取っつきに架かっていたのが今戸橋なのだ。それが現代では堀が暗渠《あんきょ》になってしまったおかげで、所在なげに身だけ地面の上に投げ出しているていなのだ。

暗渠の上は、今や公園になっていて沿道には桜がズラリと植えられている。だが隅田公園の過激な賑わいぶりに比べると、こちらは人出もチラホラのうら寂しい景色がうかがえる。その分、一味違った風情が。花も終わりの時期になると、まさに静心《しずこころ》なく花の散るらむ、なのだ。

山谷堀の名残はないかと、あたりをキョロキョロしてみると、あったあった。パンダの遊具の向こうに黒ずんだコンクリートの低い塀状のものが地面を這っている。これは堀の堤防の名残である。それが今では、公園と人家の境界として役立っているようだ。しかしながら、薄黒いだけのコンクリートの塊というのは、どう見たって艶《つや》消しではある。これからいまの華の吉原に繰り出そうという手合にとっては。

▲かつては吉原への道筋だった山谷堀。いまは桜並木の穴場になっている。

▲何代目かの現在の見返り柳。

▲部屋着姿の花魁（おいらん）が禿（かむろ）に髪を梳（と）かさせながら文を読む。
豊国・国久『江戸名所百人美女』よし原　東京都立中央図書館特別文庫室所蔵

▲昔は猪牙舟が通った堀が、今はパンダの遊具が置かれた公園に。

▲山谷堀のコンクリートの堤防の跡。

◆現在の「吉原」は、日本橋から移転して生まれた「新吉原」

さて、大川《おおかわ》を舟でさかのぼって江戸市中から山谷堀口《さんやぼりぐち》までやってくると、たいていは近くにある船宿《ふなやど》の桟橋《さんばし》に猪牙舟《ちょきぶね》を着けて、ここから先は日本堤《にほんづつみ》を歩いていくか駕籠《かご》に乗っていくかである。なかには、さらに山谷堀を猪牙舟で行こうとするムキもいるが、堀が狭いこともあってたいていはこのあたりで下船するものだった。

それにしても、何故に吉原通いに舟を使うのか。よく聞かれる質問である。その答えは実に簡単だ。要は物騒《ぶっそう》だったから！

江戸時代に〝浅草田んぼ〟や〝吉原田んぼ〟という言葉があった。現代からでは想像もつかないけれど、かつて新吉原（これまで話の対象としているのは新吉原の街《しんよしわら》）の周りは、というか浅草の町から北の方には広い田園地帯が広がっていた。

何しろ、江戸市中に最初に出来た頃の元吉原は、今の日本橋付近にあった。その開廓《かいかく》当時は、未だ東京湾の海水が洗う浜辺にほど近い葭《よし》に覆われた湿地《しっち》だったのである。それが次第に周囲の町が発展して、眺めわたしてみれば江戸のミッドタウンのなかの一画になってしまった。色街が町の真ん中にあるのも如何《いかが》なものか、ということになり。

明暦《めいれき》の大火（一六五七年）で江戸の町の大半も、旧遊廓《きゅうゆうかく》も焼け出されたことがきっかけとなって、江戸の北側、浅草田んぼの向こうに新吉原が造成されたのである。江戸の北側だから、人は新吉原を〝北国《ほっこく》〟とも〝北里《ほくり》〟とも呼んだ。その新吉原に通うには、初期の頃の客は山手《やまのて》住まいの武家が多かったこともあり、下谷竜泉寺《したやりゅうせんじ》とか三ノ輪《みのわ》の方から陸路を回って来るのが一般的だった。それが時代も下って江戸中期以降になると市中から遊びに出る町人たちが増えるに連れ、大勢は、隅田川や浅草経由の道筋を取るようになった。

いずれにせよ新吉原の周囲は、長いこと（明治になっても）田んぼであり続けた。そんななか、夜ともなれば真っ暗な道を、遊ぶためのそれなりの金銭を財布に入れて一人で歩いていくとは、想像するだけでも物騒なこと。安心なのは、舟か駕籠で今戸あたりまで来てから一旦降りて中宿《なかやど》を取る。そこで一息入れて、あます道のりは人通りもある土手八丁《どてはっちょう》と呼ばれた日本堤を歩くなり駕籠なりでそそくさと大門《おおもん》を目指すのが無難な行き方というものだ。

蛇足《だそく》を一つ。日本堤とは、一風変わった名前の土手だが。よくよく探ってみると、どうやら江戸の町がつくられた初めの頃。このあたりが隅田川《すみだがわ》の氾濫原《はんらんげん》であって、頻繁《ひんぱん》に大水《おおみず》が出た。そこで水捌《みずは》けを良くして氾濫を防ぐための堀が二本掘られたという。一本は、三

◀大川（隅田川）の対岸から眺めた今戸。待乳山あたりの船宿の灯り。ここから土手八丁（どてはっちょう）を歩く遊客も多い。
広重『名所江戸百景』真乳山山谷堀夜景

▲火事で焼け出されての仮宅(かりたく)だと、こんな外出の楽しみもできた。遊女にとって火事は思わぬハプニングを呼ぶ。
国貞『新よし原仮宅おはりや彦太郎抱女花見の図』東京都立中央図書館特別文庫室所蔵

◀朝帰りの客が仲之町へと出てきたところ。後朝(きぬぎぬ)とは別れのこと。「遊郭の遊びの楽しみの一つは、ここにある」という通人もいた。
広重『名所江戸百景』廓中東雲

ノ輪から大川に向けて十三丁（約一・四キロ）の長さの堀である。そしてもう一本が、聖天町《しょうてんちょう》から山谷《さんや》方面にかけての堀であった。こちらのほうは後になって、次第に人家が立て込み出し、いつしか堀は跡形もなく埋め立てられてしまった。

堤が二本あってこそのニホン堤であったが、気がついてみれば一本だけのニホン堤となったので「日本堤」になったという。本当に蛇足であるが。

十三丁の土手も、いつの間にか大門までの距離をいうのか土手八丁《どてはっちょう》と端折《はしょ》って呼ばれるようになった。その土手を歩くうちに、やがて眼に入ってくるのが見返り柳である。この柳こそ「こちらを左折すべし」の、吉原への道路標識であったといえよう。そして土手から大門へ下る坂道を衣紋坂《えもんざか》という。このあたりで着物の襟に手をやり、髷《まげ》を直して、背筋を伸ばして五十間道《ごじっけんみち》へと入っていく。

五十間というのは、緩やかにS字を描いて曲がるこの道の長さが五十間（約九十メートル）あったからだ。この曲線には理由があって、日本堤の往来から、街のなかまで様子が見えてしまうのは興醒《きょうざ》めだとするところから、敢《あ》えて大門に至る道を曲げて造ったという。色街の造作のなかには、このような実に細かい手法が何かと取り込まれていることが往々にしてある。興味深いことだ。

八丁と五丁の間が五十間

土手八丁と吉原《よしわら》五丁町《ごちょうまち》（江戸町《えどちょう》一丁目、同二丁目、京町《きょうまち》一丁目、同二丁目、角町《すみちょう》）の間にあるのが五十間道だという他愛もない川柳《せんりゅう》である。

▲田んぼの上を雁が群れて飛んでいく土手八丁（どてはっちょう）。
広重『名所江戸百景』 よし原日本堤

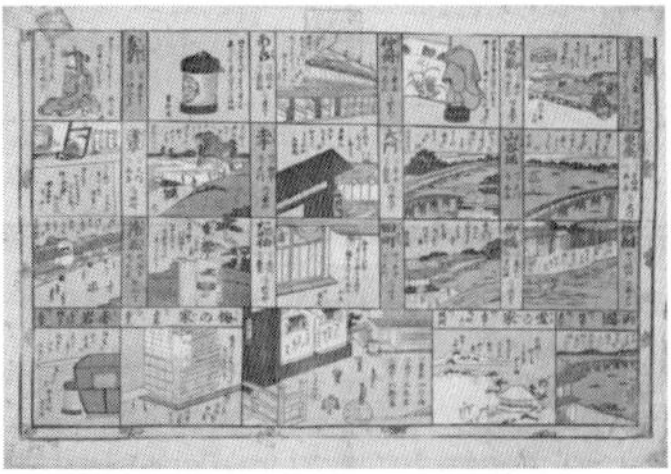

▲『吉原遊郭通ひ双六』 国立国会図書館

▲当時の吉原通いは一手間も二手間も。その分距離が近くて交通の便もよい岡場所（おかばしょ）がもてはやされた。
『新吉原花街遊興双六』 国立国会図書館

▲正月二日の年礼の際の花魁道中。五丁町（ごちょうまち）の中を花魁を囲む群れが行き交った。喜多川歌麿『青楼絵抄年中行事（上）十返舎一九 著』国立国会図書館

▲夜具式初（やぐしきぞ）めの祝（いわい）は年の初めの吉日に茶屋に飾る。これ現在の金額にして夜具一セット三百万円はかかったらしい。
喜多川歌麿『青楼絵抄年中行事（上）十返舎一九 著』国立国会図書館

▲禿から新造になる時のお披露目を新造出（しんぞうだ）しという。費用はすべて姉女郎（あねじょろう）の花魁が負担した。
喜多川歌麿『青楼絵抄年中行事（上）十返舎一九 著』国立国会図書館

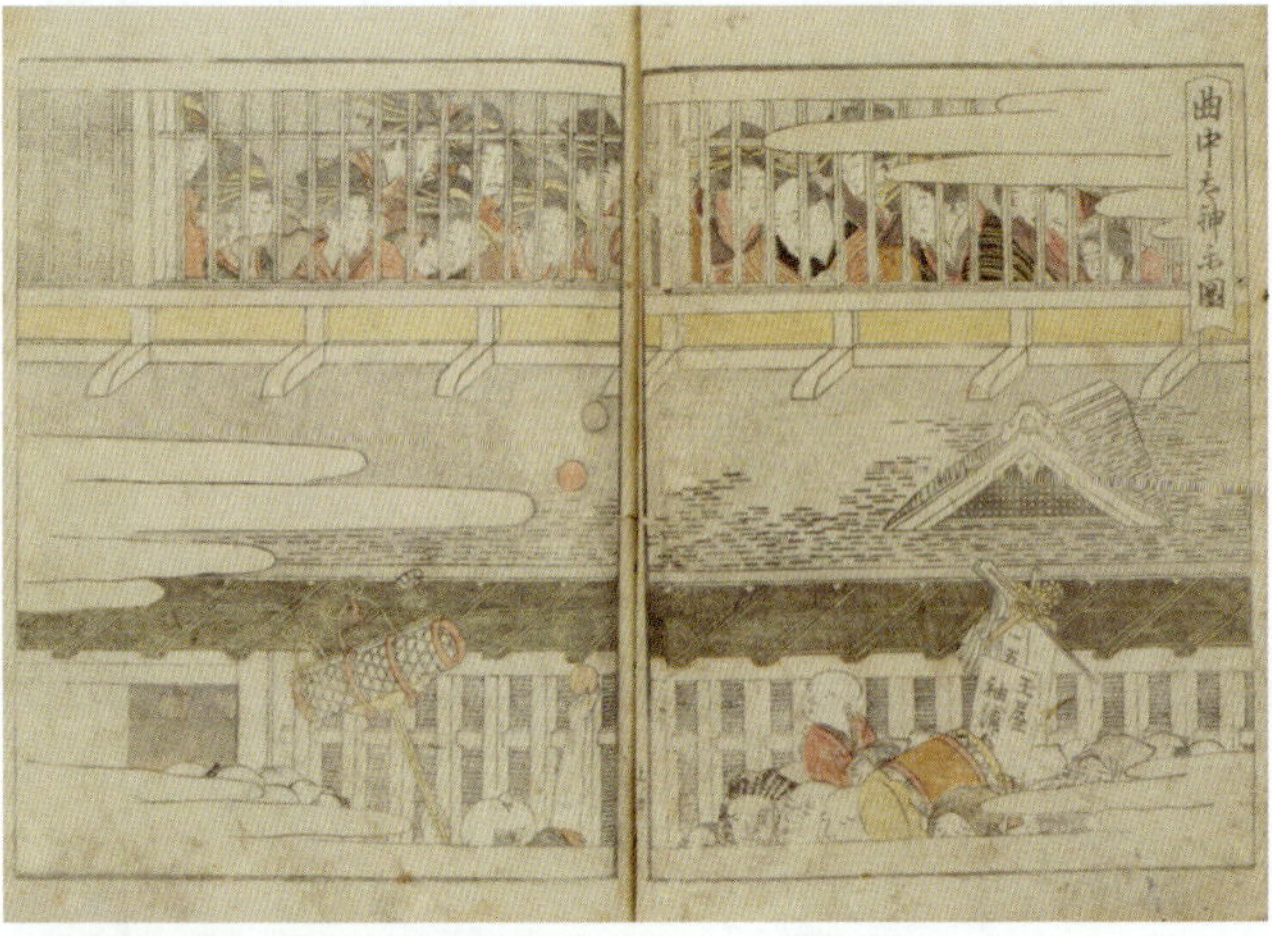

▲妓楼（ぎろう）二階から眺めるのは街中を行く太神楽（だいかぐら）の一行。二月初午（はつうま）の日の行事である。
喜多川歌麿『青楼絵抄年中行事（上）十返舎一九 著』国立国会図書館

◆編笠茶屋《あみがさぢゃや》に代表された、当時の武士階級の「体面」

実際に現在の吉原道を歩いてみると、浅草の吾妻橋の交差点から花川戸《はなかわど》一丁目、二丁目、浅草七丁目と隅田川に沿うようにして江戸通りを北上する。これを古い町割りでいえば花川戸から山《やま》の宿《しゅく》への道行《みちゆき》である。続いて東浅草一丁目の暗渠《あんきょ》の上の山谷堀《さんやぼり》公園を歩くと、ものの三十分もしないで吉原の入り口にある見返り柳に到着してしまう。猪牙舟《ちょきぶね》も駕籠も煩《わずら》わせずに、夜の闇の不安も恐怖感も持つことなく、今では気楽に吉原通いが出来てしまう。時代は大きく変わった。

それだけではない、我々が何気なく通りすぎてしまう五十間道にしても。前掲した柳《りゅう》句《く》の八丁と五丁の間にあるものは、わずか五十間の長さの道程《みちのり》にすぎない。しかし、この距離の間にある何かをどう感じるか、こと江戸の世の人たちと我々とでは大いに違う。

新吉原の初期には、この遊里に遊ぶ主客《しゅきゃく》は武家であった。彼らは面《おもて》を曝《さら》して街に入ることを体面上快《こころよ》しとしなかった。遊里に通うことを悪事とまではいわないまでも、心やましいこととする思いがあった。故に遊里を悪所《あくしょ》ともいったのだ。

どうにも素面《すめん》では廓《くるわ》に入り難い。そこで大門の手前、五十間道に二十軒ほど立ち並ぶ茶屋で編笠《あみがさ》を借りては、かぶって入るようになったのである。そこから、この茶店を編笠茶屋《あみがさぢゃや》と呼ぶようになり、店先にはトレードマークの編笠を吊り下げるようになった。

江戸も中期の享保《きょうほう》の時代（一七一六～三六）になると、悪所に通うことに遊客の多くもさほどのやましさを感じなくなったのだろう。編笠をかぶっての入廓《にゅうかく》の風習も稀《まれ》になり、元文《げんぶん》の頃（一七三六～四一）にはすっかり止んでしまったようだ。しかし、編笠は依然吊り下げられていた。

この編笠を借りるには、あらかじめ借り賃として百文《もん》（千六百円相当）を払う。そして帰りがけに笠を返すと六十四文が戻ってくる。正味の借り賃は三十六文ということ。それはそれとして編笠茶屋の茶代《ちゃだい》は、初めのうちはこれまた百文であった。もっとも時代が下って化政度《かせいど》（文化文政期、一八〇四～三〇）になると、客単価を上げるためにか、お茶だけでなく菓子や酒も提供するようにして茶代が一朱《しゅ》（四千円相当）になったという。

編笠茶屋は、なにも笠や足駄《あしだ》や雨傘《あまがさ》を貸すだけでなく、ちょいと小腹が減っていれば蕎《そ》麦《ば》をすることもできる。さらには、これが一番大切な仕事なのだが、廓内《かくない》の娼家《しょうか》に客を送り込むこともした。

これは編笠株《あみがさかぶ》といって株式《かぶしき》になっており、その株を持った茶屋だけが客をナカ（廓内の通称）へ紹介できた。吉原の周りには編笠茶屋のほかにも、土手にある葭簀《よしず》張りの水茶屋《みずぢゃや》が百六十軒あり、こちらも株になっていて提灯株《ちょうちんかぶ》といった。客があると店の紋《もん》のついた提灯をぶら下げて娼家へと案内した。

このような茶屋と娼家の関係は、色街ならではの独特な風習である。

▲新吉原の妓楼では見世（みせ）の表に籬（まがき）と呼ばれる格子が組まれている。図は籬の上半分がない半籬の中見世の様子。
喜多川歌麿『青楼絵抄年中行事（上）十返舎一九 著』国立国会図書館

▲主客の大尽（だいじん）を先頭にした花魁道中の一統。これから、いよいよ妓楼へと向かうところだ。
喜多川歌麿『青楼絵抄年中行事（上）十返舎一九 著』国立国会図書館

▲三月には見世を一日閉めて内証花見(ないしょうはなみ)を行うことも。図は特別に招かれた馴染客と鬼ごっこに興じている禿と遊女たち。
喜多川歌麿『青楼絵抄年中行事(上) 十返舎一九 著』国立国会図書館

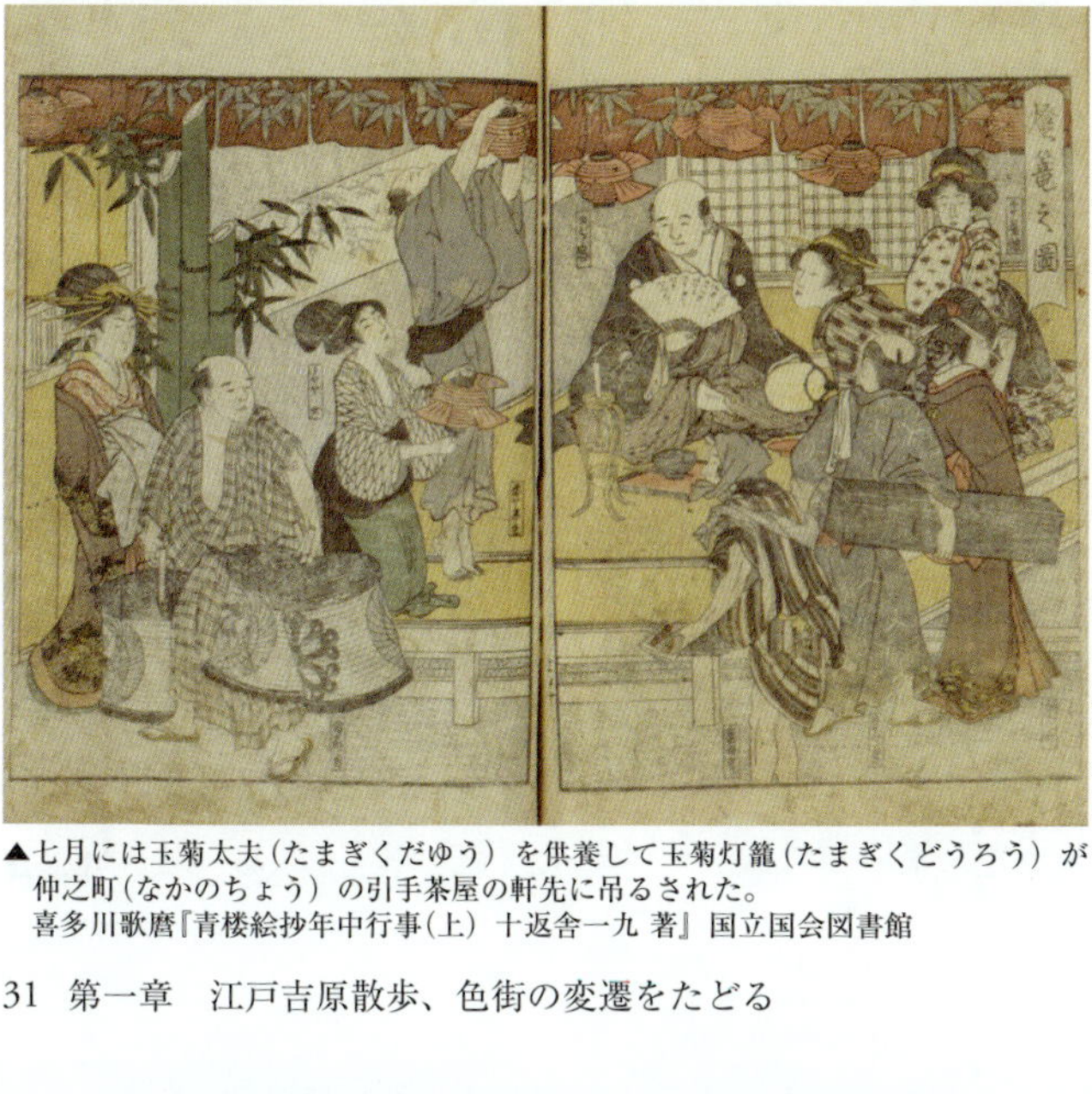

▲七月には玉菊太夫(たまぎくだゆう)を供養して玉菊灯籠(たまぎくどうろう)が仲之町(なかのちょう)の引手茶屋の軒先に吊るされた。
喜多川歌麿『青楼絵抄年中行事(上) 十返舎一九 著』国立国会図書館

◆火事大歓迎！　元吉原からの移転で業者たちが得た「見返り」とは？

元吉原から浅草千束村《あさくさせんぞくむら》への遊廓《ゆうかく》の移転は、元あったところの市街地化と明暦《めいれき》の大火のおかげで一挙に進められた。つまり火事のなせる部分が、その半分を担《にな》っていたともいえるだろう。

こと吉原と火事の因縁は、深く密接なものがある。元吉原は、明暦大火の直前に町奉《まちぶ》行所《ぎょうしょ》から移転の通達が出されていたにもかかわらず、町なかから田んぼの向こうに移転すれば客足が遠のくことが予測されていたので、移転の日をその日延ばしに延ばしていた。

それでも移転をきつく申し渡されたのが明暦二年（一六五六年）の十月、大火が翌三年の一月、そして実際の街を挙《こぞ》っての引っ越しが六月で、取りあえずの場所で仮営業を行ってから、浅草千束村に収まったのが八月のことである。

この仮移転の様子が見物《みもの》だったと大正期のジャーナリスト矢田挿雲《やだそううん》が書いている。

――各楼《かくろう》の娼妓《しょうぎら》等、衣装や行列に善美《ぜんび》をつくし、浜町《はまちょう》河岸《がし》から屋形船《やかたぶね》を仕立て、ワイワイやりながら隅田川をさかのぼったという。まるで妓楼《ぎろう》を挙《あ》げての物見遊山《ものみゆさん》の雰囲気だ。

これを見ようと、浜町《はまちょう》から蔵前《くらまえ》、今戸《いまど》にかけての大川端《おおかわばた》は黒山《くろやま》の人だかり。女郎《じょろう》達も種々の趣向を凝らして、当て込むことを忘れなかった。即ち浅草観音参詣《あさくさかんのんさんけい》の名目で、あらかじめ陸行《りっこう》の許可を得ておいた連中は、お伊勢《いせ》参りや鳥追《とりおい》などの、軽淡で艶《あで》な道中姿《どうちゅうすがた》を初夏の風になぶらせながら、浅草橋、天王橋《てんのうばし》をわたり、並木町《なみきちょう》を真っすぐに、雷神門《らいじんもん》から、観音様の境内に練《ね》り込んだ。町を挙げての大騒ぎ。

それから百姓家《ひゃくしょうや》が珍しかったものか、六月から八月まで、五〜六十日間における仮営業所の繁昌《はんじょう》は、予想外であった。八月十日、現在の新吉原の場所に新築落成して、正式に移転すると、またまた非常な賑いであった。移転料と種々の利権と連日の大繁昌とで業者はホクホクであった。——とある。

本格営業の前の仮宅《かりたく》から大繁昌《だいはんじょう》という意想外の結果となる。転んでもタダでは起きない色街のタフな楼主《ろうしゅ》たちの面目躍如《めんもくやくじょ》である。

ところで移転に際して町奉行所からは、代地《だいち》以外にもいくつかの素晴らしいおぼし召しがあった。①営業区域が従来の二町四方から五割増しの三町四方に広げられた。②これまでは日中だけの営業だったものが夜も認められた。③山王《さんのう》、神田《かんだ》両大祭の町役《ちょうやく》が免除された④一万五百両の移転料の下げ渡し。なんとも至れり尽くせりなのだ。

そして火事についても、江戸の市中での出火の際には町役が免じられた。ただ新吉原は田んぼの向こうで市中ではないから、町役がないのは当たり前といえば当たり前のことなのだが。

その逆に遊廓のなかで火事騒ぎが起きれば、どうなるかというと。廓内《かくない》に配置された消防夫たちが消火にこれ務めた。そして御府内《ごふない》いろは四十八組の火消したちは、直ちに現場に駆けつけるものの、大門の内には入らずに、日本堤の土手に陣取って高みの見物を決め込みつつ、鎮火を待ったという。こういうのも〝物見高《ものみだか》い江戸っ子〟のうちなのだろうか。不思議なタテ割り感覚が江戸時代にもあったようである。

新吉原になってから幕末までの約二百年間で、街なかが全焼するような火事がどのくらい起きたのか。実に二十回近くにもなるという。つまり十年に一回は大火事があったことになる。なかでも安政《あんせい》二年（一八五五年）の大火は、安政の大地震によって引き起こされたもので、廓内の死者は千人以上というから街全体の一割の人間が死んだことになる。このうち遊女の焼死者が五三十余人もあった。

しかしながら吉原の火事は、大事件ではあっても街にとっては大打撃ではなかったのである。それは仮宅の故《ゆえ》だ。

街全体が焼け出されると仮宅の営業が許可された。すると廓内の通常の営業よりは格段に費用がかからないので利益は上がる。その上、なぜか遊客も多く来るようになるので、ますます儲かる。そのため全焼大歓迎なのである。

ただし妓楼のなかに若干でも焼け残りがあると、町奉行所は仮宅の許可を出さなかった。

そこで街の火消しは、燃え残りがあると敢えて火を点けてでも焼き払った。

▲火事は悲惨な災害のはずだが、焼け太りという言葉もある。丸焼けになった遊廓は様々な規制から一時的にせよ解き放たれる。
『江戸大地震之絵図』吉原地震焼亡之図 国立国会図書館

▲仮宅営業は遊女の外出も比較的自由になるし、見世の維持にも規制が弱まることによってわずかだが緩い風が吹く。
『江戸大地震之絵図』当世仮宅遊 国立国会図書館

◆通《つう》は地名で出自《しゅつじ》がわかる──吉原の区割りと地名の秘密

大門口《おおもんぐち》にまでたどり着いた。いざ〝ナカ〟へと繰り出そう。

いわれるように、江戸時代の新吉原はグルリを幅二間の鉄漿溝《おはぐろどぶ》で囲まれた縦百三十間、横百八十間の長方形をした色街であった。広さにして二万七六七坪《つぼ》というから、東京ドームのほぼ二倍にあたる。その規模のほどが知れよう。

元は浅草田んぼに土を盛って埋め立てた土地である。その証拠が現在でも、大門から入って一つ目の角、すなわち江戸町の角を右に曲がって百メートルも行った先にある吉原公園《よしわらこうえん》の片隅に残っている。公園から馬道《うまみち》通りに通じる境界が一メートル近くの段差になっているのだ。廓内の地面は、かなり嵩《かさ》上げして造られていた。

道理で、御当地の名物に火事は取り上げられても、四百年の歴史を通して大水《おおみず》の話はついぞ聞いたことがないのである。

さて大門の内側の町割りは、元吉原に倣《なら》って、真ん中を通る仲之町《なかのちょう》に交差する左右の町が、これらは五丁町《ごちょうまち》とも単に〝丁《ちょう》〟ともいわれていた。江戸町一、二丁目、揚屋町《あげやちょう》、角町《すみちょう》、京町《きょうまち》一、二丁目と、整然と区画されていた。まさに人工的に造られた色街なのである。

それぞれの町名の謂《い》われを念のために付け加えておくと。江戸一（江戸町一丁目）には、かつて常盤橋内《ときわばしない》の柳町にあった純粋の江戸種の遊女たちの見世《みせ》を収容した。江戸二（江戸町二丁目）には、鎌倉河岸《かまくらがし》にあった駿府弥勒町《すんぷみろくちょう》からの引越し組の遊女たちを。江戸町には江戸にゆかりの者を。

京一（京町一丁目）には、麹町《こうじまち》八丁目に一度は草鞋《ぞうり》を脱いだ京都からの移転組を収容し。京二（京町二丁目）には、大阪の瓢箪町《ひょうたんちょう》と奈良の木辻遊廓《きつじゆうかく》から直接元吉原に植民《しょくみん》した遊女たちが収まった。なお角町には、京都の角町からの娘子軍が移り住んだ。京町、角町には関西系の遊女たちが集められた。

そして揚屋町は、元吉原では分散していた遊女屋から遊女を呼んで遊ぶための揚屋《あげや》を一か所に集めた一画であった。

つまり新吉原の初期は、町名を聞けばどちらの出自《しゅつじ》のお姫様たちだか、それよりも妓楼《ぎろう》のオヤジが何処からやって来た人間だかが、容易にうかがい知ることができたのである。

ついでに付け加えておくと、街のなかにはあと二つの町名があった。どちらも寛文年間《かんぶん》（一六六一～七三）に江戸町二丁目に路地を

▲いまでは交差点の名前に大門は生き残っている。

通して造られたもので、伏見町《ふしみちょう》と堺町《さかいちょう》といった。

「伊勢屋《いせや》、稲荷《いなり》に犬の糞《くそ》」と言われるほど江戸市中には、やたらお稲荷《いなり》さんというか、お稲荷様の祠《ほこら》が置かれていた。というのも商売の神様だからであって、特に色街では縁起《えんぎ》担ぎのために大事にされたのであろう。

そのお稲荷様が、当然のこととして吉原のなかにも鎮座ましましていた。今はもうないが、色街の四隅すべてに。北の隅に榎本《えのもと》稲荷、南に黒助《くろすけ》稲荷、東に赤石《あかし》稲荷、西に開運《かいうん》稲荷といった具合だ。

▲江戸以来の黒い屋根付きの大門は明治になって鉄製アーチ式の門に変わった。(東京・1910年代撮影)
©KJELD DUITS COLLECTION/MEIJISHOWA.COM

▲仲之町は季節ごとに中央に植える植木は変わるが、明治になっても毎年三月は相変わらずの桜だった。
手彩色絵葉書東京吉原(明治大正時代)

▲明治時代の張見世（はりみせ）。これが写真見世になるのは大正になってからのこと。
（東京・1890年代撮影）
©KJELD DUITS COLLECTION/MEIJISHOWA.COM

◀妓楼二階より大鳥神社を望む図。富士山を前にしてどこまでも続く感のする浅草田んぼ。新吉原の周囲は夜ともなると真っ暗な寂しい場所だった。
広重『名所江戸百景』浅草田甫酉の町詣

❖かつてのトルコ風呂もソープに――筆者が知る「昭和の吉原」の変遷

ここで筆者が、これまでの四十年以上にわたる吉原通いのなかで見聞きしたほんの一部を書きとめてみよう。

江戸一（江戸町一丁目）では、一九八〇年代に竜泉《りゅうせん》通りとの角に今はなくなってしまった「グランドキャニオン」というトルコ風呂の高級店があった。千葉の栄町《さかえちょう》から来たトルコ風呂（歴史的言辞として使う。悪しからず念のため。）の新興勢力がつくった店で、最盛期にはグループで七店舗を持つまでにふくれ上がった。

吉原で、ということは全国で、さらに全世界で初めて店内にエレベーターを設置した店でもある。そして当時としては初の総額六万円の最高級店でもあった。

勢いのあった当時には、グループ全体で毎夜の売り上げが少なくとも六百万円以上あったという。参考までに、全店を統括していた番頭《ばんとう》さんの月収が表向きで三百五十万円であった。

一方、江戸二（江戸町二丁目）で印象的だったのが、これまた高級店の「ケンブリッジ」という店。こちらは御当地で初めて、同じく一九八〇年代のことだが客の送迎《そうげい》にロールスロイスを使用したことで話題になった。

八〇年代の前半は、吉原のトルコ風呂が一気にバージョン・アップした時代であり総額六万円台の高級店が雨後《うご》の竹の子のように続出した。

しかし、この店も二〇一二年には二億円前後で売りに出された。結局は買い手がつかず翌年の春には敢えなくビルごと取り壊されてしまった。その後には何ができるのか、吉原に勤める女の子専用のホテルか、はたまた単なる駐車場か。今やソープランドを取り巻く状況は、かつてと比べたら比較にならないほどの厳しさに陥っている。

ソープランドは、新しいオーナーが登場して、それなりに新装開店という形で存続する場合が多いが。なかには、ホテルや駐車場になってしまうところも最近よく目にする。

昭和三十三年（一九五八年）の売防法施行直後の街の慌てふためきぶりほどではないにしても、色街のなかで色とはまったく別の業種に転換する傾向が多くなっていることに間違いはない。かつてトルコ風呂の全盛時代には二百軒以上あった店が、現在では百四十軒ほどまでに減ってきているのが御当地《ごとうち》の現実だ。

昭和三十三年当時の赤線廃業の嵐吹きすさんだ頃は、妓楼の建物はそのままにして旅館への転業が主流になった。ひと頃は、修学旅行の宿舎としても機能していたのだが。さすがに前身が前身だけに、どうしても敬遠されてしまい、団体さん向けの旅館業は定着しなかった。しかしそれ以外の、倉庫や町工場《まちこうば》への転業組は、現在も表通りから一歩入った路地の奥で元気に生き残っている。

▲吉原三大行事の一つ。八月の俄（にわか）は男髷に結った女芸者や幇間（ほうかん）が賑やかに町の中を練り歩いた。
喜多川歌麿『青楼絵抄年中行事（上）十返舎一九 著』
国立国会図書館

▲八月一日は八朔（はっさく）といって江戸時代には正月に次ぐ祝日だった。花魁も禿も白無垢の着物でその日を送った。
喜多川歌麿『青楼絵抄年中行事（上）十返舎一九 著』
国立国会図書館

▲八月十五夜の月の綺麗な夜を良夜（りょうや）といった。この日に遊んだ客は翌月も"後の月見"をしなければならない。
喜多川歌麿『青楼絵抄年中行事（下）十返舎一九 著』国立国会図書館

▲十二月二十日の餅つきをすると、後はもう正月に向かって一瀉千里（いっしゃせんり）。気分は正月なのである。
喜多川歌麿『青楼絵抄年中行事（下）十返舎一九 著』国立国会図書館

◆平成のソープランドの街に赤線時代の残滓を探す

揚屋町《あげやちょう》には昭和三十三年、売防法《ばいぼうほう》が施行された年の七月に開店した御当地のトルコ風呂第一号の「吉原トルコ」があった。赤線《あかせん》業者の「東山《ひがしやま》」が店名を変えてスタートした店であった。

この地区は、赤線からトルコ風呂へと転業を果たした店が多くあったところだが、残念ながら現在では殆どが淘汰《とうた》されてしまい、残っている店は見あたらない。ただ、その頃からの遺風《いふう》はどことなく残っていて、料金の安いちょいレトロな大衆ソープが今でも多い。

隣の江戸町一丁目とは、大きく異なっている。

そして風呂屋ではないが、仲之町《なかのちょう》との角のすぐ傍《そば》に大正から続く「相亀《あいがめ》」という鰻屋《うなぎや》があった。残念なことに、こちらも平成になって間もなく廃業してしまった。

この店には江戸の昔からいた吉原芸者《よしわらげいしゃ》の、最後の世代ともいえる超お姐《ねえ》さん芸者（年齢にして七十、八十歳代）の皆さんが週に一回程度の割合で集まっては、超古い女子会《じょしかい》を開いていた。その隣の席で、聞くともなしに座っているだけで、その昔の御当地の消息を伝える懐かしい話が聞こえてきたものである。

揚屋町の、仲之町を挟んで通りの向こう側にある角町《すみちょう》は、現在でも街一番のソープ密集地区になっている。この界隈の店は、総額で三万円前後の大衆店が多いのが特徴である。ついでだが、今街のなかで総額六万円以上の高級店が揃っているのは江戸町一丁目だ。

角町通りには、平成になってまでも「中央衣料」という制服縫製屋《せいふくほうせいや》のかなり目立つ看板が立っていた。そこには「トルコウエア受注します」と大書してあった。おそらく日本一のトルコ地帯吉原で、もっとも最後までトルコの文字を掲げていたのは、この看板だと思われる。

▲揚屋町の角にあった鰻屋の相亀。平成のはじめ頃まで吉原芸者の溜り場だった。

続いて京一（京町一丁目）のあたりを歩いてみると。今やソープランドは一軒をおいてほかにない。昭和三十三年当時には、地区全部が赤線業者の店であふれていたのにである。それらの殆どは現在マンションに変わってしまっている。

この地区で印象に残っている一軒に、赤線時代以前からあった「大華」という店がある。何しろレトロな雰囲気を漂わせ続けたまま、貸座敷《かしざしき》から赤線料亭に、トルコ風呂から初期のソープランドにまで生き残ってきた店だ。黒板塀《くろいたべい》に見越しの松、その向こうに和風の二階建ての本格的な木造建築。往年の妓楼を彷彿《ほうふつ》とさせるものがあった。

だが個室のなかはガランとした板敷きで、冬になれば石油ストーブ、夏になれば扇風機といった、接客業にしては珍しいプリミティブな冷暖房しかない店でもあったのだ。エアコンなどとはまるで縁がない世界で遊べるのがこちらの長所であった。

京町二丁目のほうは、通りに沿って今でも旅館が多く並んでいる。人にいわせると、この一画はソープランド街というよりも「チョンの間（ショートタイムでの遊興）」街として現在でも、それなりに色街の機能を果たしているという。

それと京二（京町二丁目）には、赤線時代には十軒ほどの射的屋《しゃてきや》が街の隅に並んでいた。これもひと時期の吉原風俗であろうか。町全体にもアチコチに二十軒以上の射的屋があった。色街名物の「矢場《やば》」の残滓《ざんし》かとも思える。

▲明治の頃の張見世の内部。遊女の前にあるのは煙草盆で見世にはなくてはならないものだった。(東京・1910年代撮影)
©KJELD DUITS COLLECTION/MEIJISHOWA.COM

▲遊女の前の格子を籬（まがき）という。それゆえに遊女たちのことを"籬の花"とも呼んだ。(東京・1910年代撮影)
©KJELD DUITS COLLECTION/MEIJISHOWA.COM

◆八代将軍吉宗が明らかにした江戸時代の「吉原」のスケールとは？

華の吉原には、どのくらいの人間が暮らしていたのだろうか。その前に、江戸全体の人口は、さらに男と女の構成比は。色街《いろまち》・吉原の仕組みを理解する上で、このような数字を見ておくことも大切である。

ところが江戸の人口を正確に知ることは、様々な事情によってかなり難しい作業なのである。というのも、町の構成が武家地、寺社地、町地の三つの地区に分かれていた江戸時代にはまとまった統計《とうけい》がないのである。それでも寺社地と町地に関しては、それぞれ寺社《じしゃ》奉行《ぶぎょう》と町奉行《まちぶぎょう》とが管轄《かんかつ》しているため、ある時期からの数字は摑《つか》めるのだが。

こと武家地の内側に関しては、各大名《だいみょう》の所有地であって治外法権《ちがいほうけん》なのである。ましてそのなかにいる人々の動向は、領国《りょうごく》ごとの軍事機密に属しているわけで、たとえ幕府たりともうかがい知ることは難しい。それも数年ごとの参勤交代《さんきんこうたい》によって領国と江戸との間を行ったり来たりするので武士たちの動向は流動的であった。

八代将軍吉宗《よしむね》は、性格が几帳面《きちょうめん》なのか、調査魔なのか、彼の時代からは色々な統計資料が登場してくる。たとえば、江戸城の庭で雨量《うりょう》を毎日調べては日録《にちろく》に記入し続けるなど、細かい調べ事を何かとやっていたのだ。

寺社方《じしゃがた》、町方《まちかた》についての詳細なデータも彼の代からは残るようになっている。そこから推《お》し量《はか》って、江戸の人口などについても少しは知れてくるのだ。それによると、大雑把《おおざっぱ》にいって享保《きょうほう》の時代以降、寺社地の人口は大体五万～七万人で推移している。町地の人口は四十五万～五十万人の間で上下していることが分かる。

この二つの数字以外にも、町のなかを流れて暮らす帳外者（浮浪者など）は、約八万人いたことがわかっている。そしてもう一つ、町人の員数《いんずう》のなかに加えられていないものに番外地・吉原の人口があるのだが、こちらも吉宗の頃からの調査によって八千人から九千人の人間がいたことを知り得る。

以上のすべてを足して約六十万人。これに武家地の人数をプラスするとアバウトに見積もって、江戸の住民は約百万人前後ではないかと推測できるのだ。

同じ頃、十八世紀段階のイギリスのロンドンの人口が約七十万人、フランスのパリの人口が約五十万人とされるから、当時の江戸は間違いなく世界一の巨大都市といえる。

百万都市、江戸市民の男性と女性の人口構成はとても偏頗《へんぱ》なものだった。記録として残っている享保六年（一七二一年）の女性の人口は十七万八千百九人で江戸市民全体の三

▲妓楼の二階の風景である。それぞれの個室ではイロイロな色模様が展開された。
五渡亭国貞『吉原遊郭娼家之図』国立国会図書館

五・五パーセントに過ぎない。二十五年後の延享《えんきょう》三年（一七四六年）ですら二十万五千百九人というから三九・八パーセント。寛政十年（一七九八年）になって二十万九千二百八十六人と、ようやく四二・四パーセントに増えているが、それにしても女性人口は男性に比べてかなり少ないのである。

これは、江戸が新興都市であり、そのための建設要員として男手が必要だったことや、武士階級の多くが江戸在勤についてては単身赴任であったからで、江戸は開府以来、男性に偏った人口構成になっていた。

そのような男性過多の町だから、娼売《しょうばい》のための女性を集めたり、また集まったりして、市中に悪所《あくしょ》とも呼ばれた遊び場が出来上ったのである。

そこで吉原だ。この日本一の色街のなかには、どれほどの人間がいたのだろうか。

俗にいわれるのは「遊女《ゆうじょ》三千人」という表現である。しかし稼ぎ手の遊女だけで街が成り立つわけではなく、それに倍する男女がこの町には住まわっていた。言い方を替えれば、三千人（このなかには遊女予備軍の禿《かむろ》の数も含まれており、遊女の数は約二千人ほど）の遊女の細腕というか股間《こかん》をもって、廓内《かくない》一万人近くの人間を養っていたのだ。

ここで御当地《ごとうち》の人口について『吉原』の著者石井良助氏が紹介している『御触書留帳《おふれかきとめちょう》』

から、その一部を孫引きさせてもらう。吉宗が享保六年に命じた人口調査のうちの吉原についての貴重な資料である。

○江戸町一丁目　総人口千百九十七人　成年男三百三十三人、同女六百七人。うち遊女三百四十人、禿百二十九人。

○京町一丁目　総人口千三百四十一人　成年男三百四十三人、同女六百九十五人。うち遊女三百九十五人、禿百六十七人

○角町　総人口千五百二十三人　成年男四百十二人、成年女七百七十三人。うち遊女四百五十五人、禿百九十七人

……とある。ここ色街では、圧倒的に女性の数が多いのは当然のことだ。五丁町すべてで遊女は二千百五人、遊女予備軍の禿が九百四十一人になる。つまり遊女三千とはいっても実質は約二千人なのだ。

この遊女二千人という数字は江戸時代の後半を通じて吉原町内の平均した人数である。なお参考までに付け加えておくと、戦後のトルコ風呂の時代になってもトルコ嬢の人数は、昭和五三年（一九七八年）でも千八百人であった。さらに二十一世紀を迎えた現在でもソープ嬢の数は約二千人である。これが御当地の勤労女性の妥当な数字なのかもしれない。

▲いずれ菖蒲（あやめ）　か杜若（かきつばた）「艶たまのみつき花魁でありんす」
香蝶楼国貞『新吉原京町一丁目角海老屋内』
国立国会図書館

▲いずれもいずれも大輪の花 「大廓はるのすみれ花魁でありんす」
香蝶楼国貞 『新吉原京町一丁目角海老屋内』
国立国会図書館

▲いずれ杜若（かきつばた）か菖蒲（あやめ）「大井みやこさくら花魁でありんす」
香蝶楼国貞
『新吉原京町一丁目角海老屋内』
国立国会図書館

◆消えた最高位の「太夫《たゆう》」――大衆化と細分化が進んだ吉原女郎たち

遊廓の遊女にはそもそも太夫《たゆう》、格子女郎《こうしじょろう》、端女郎《はしじょろう》という三つのランクしかなかった。それが新吉原に移ってから、下位に外部（岡場所など）からの娼婦の流入もあって、端女郎が枝分かれして散茶女郎《さんちゃじょろう》と局女郎《つぼねじょろう》が登場した。さらに見世《みせ》張りの遊女と違う、新顔の切《きり》見世女郎《みせじょろう》が現れた。彼女たちは、鉄漿溝《おはぐろどぶ》の内側に沿った河岸《かし》（浄念河岸《じょうねんがし》、羅生門河岸《らしょうもんがし》など）といわれる場所に出来た切見世《きりみせ》の女たちである。

やがて最上級クラスの太夫職が、すっかりいなくなり、一段低いところで遊女のランクの再構成がなされた。

上位が発展しながら、下位も成長するという話ではない。頭が消滅してしまって、下の方だけが、新たに分化して増殖するという遊女の色分けが起きたってことだ。

簡単にいえば、全体としてのレベルダウンが生じたということだろう。それは色《いろ》、芸《げい》ともに優れた遊女がいなくなったことによるものなのか。遊興《ゆうきょう》の料金が高いという経済的な理由によるものなのか。また岡場所などの外部の勢力の繁栄による衰退なのか。

いずれにせよ宝暦《ほうれき》の頃（一七五〇年代）になると最高位の太夫が絶え、前後して格子女郎もいなくなったのだが、これは前時代の遊女＝白拍子の遺風を伝えていた存在が潰えてしまったということになる。それに合わせるようにして客層も大名、旗本、豪商などの上客が減少し、彼らが遊ぶ場所だった揚屋《あげや》もなくなってしまった。一つの時代が終わったということなのだろう。

一方で街の大衆化が進みはじめ、町人たちを中心とした新たな文化が花開く時代がやって来たのである。

遊女たちも呼出《よびだし》、昼三《ちゅうさん》、附廻《つけまわし》、座敷持《ざしきもち》、部屋持《へやもち》という新たな名称で呼ばれるようになった。なかでも岡場所から連れてこられた散茶女郎は、生粋《きっすい》の吉原女郎《よしわらじょろう》と違うことで当初は蔑視《べっし》されていたが、明和《めいわ》の頃（一七六四〜七二）になると、上級の女郎に数えられるようになった。

呼出は、散茶女郎から生まれたもので、張見世《はりみせ》には並ばず、引手茶屋《ひきてぢゃや》から客に呼び出されて花魁道中《おいらんどうちゅう》ができる最高位の遊女である。昼三は張見世に出て、昼も夜も三分の揚代《あげだい》をとる遊女のこと、附廻は、揚代二分で昼三に次ぐワンランク下の女郎である。

散茶の名前の由来について触れておくと、吉原の遊女は見識《けんしき》が高く客を振ることを一つの売りにしていたが。散茶女郎とは、お茶の葉を挽《ひ》いて作った散茶《さんちゃ》＝粉茶《こなちゃ》が、煎茶《せんちゃ》と違い淹《い》れる際に、茶筒から振り出さないで茶杓《ちゃしゃく》ですくって使った。客を「振らない」というところから名付けられたという。

ところで花魁《おいらん》とは遊女一般を呼ぶが、厳密にいえば遊女の最高位の呼出のことを指す言葉である。花魁は、いつでも新造《しんぞう》（花魁＝姉女郎に付属する若い遊女）や禿を引き連れているが、その手合いが自ら仕える遊女を指して「おいらが姐さん」というのが転訛《てんか》して「オイラン」になったといわれている。

▲花魁の髪飾りは時代が降るほど華美になった。大柄の二枚櫛に簪(かんざし) は十二本を島田髷(しまだまげ) にさす。まるで仏様の後光のようだ。
『錦絵帖』 新吉原江戸町二丁目佐野槌屋内 敷妙
国立国会図書館

▲花魁の帯は前結びにして長く垂らす。赤地に菊を配して兎が跳ねる。大胆にして豪勢な模様である。
『錦絵帖』 新吉原江戸町壱丁目大黒屋内蔦の助 国立国会図書館

▲花魁が妓楼から揚屋へ客を迎えに通う必要から道中は生まれた。それはまた全盛時の花魁を人々に見せつける広告法でもあった。『錦絵帖』 新吉原江戸町壱丁目和泉屋内泉州 国立国会図書館

◀花魁の衣装の見事さは他に比較のしようがない。上着として羽織る裲（うちかけ） を仕掛というが模様の豪華さには目をうばわれるばかりだ。
『錦絵帖』 新吉原江戸町二丁目佐野槌屋内小町 国立国会図書館

◆太夫、昼三、二朱女郎、吉原は見事なまでの階級社会だ

五町《ごちょう》の旅には路金《ろきん》が三分《ぶ》なり

これは、吉原《よしわら》で遊ぶには金三分が必要だということ。一分を一万六千円と概算して、三分だと四万八千円。つまり御当地のなかを旅するには五万円がとこ必要だとなるが、これだけで遊べるわけではない。プラスもろもろの費用が要求されるのだ。大体が、その倍以上を見ておく必要がある。

まして初会《しょかい》の登楼から馴染《なじみ》になるまでの経費となると一回につき揚代の五倍の金銭を支払うことを覚悟しなければならないだろう。ただし、これは江戸も後期に入っての最高位の花魁《おいらん》で呼出昼三《ちゅうさん》との遊びについてである。

元禄《げんろく》から享保《きょうほう》頃までの揚代を眺《なが》めてみると最高位の太夫《たゆう》が七十四匁《もんめ》、概算《がいさん》すると今の八万円である。後の昼三よりは余程高い。これは昼夜通しの値段で、片仕舞《かたじま》いといって昼だけ、夜だけの遊びだと半値の四万円になる。

格子女郎《こうしじょろう》は五十二匁だから約五万五千円になる。片仕舞いだと二万七千五百円というと

▲江戸の町人にとって好色（スケベ）とはひとつの美徳だった
喜多川歌麿　春画

▲安政の大地震直後に数百種もの鯰絵（なまずえ）が出版された。これはその吉原版である。
題名：「しんよし原大なまづゆらひ（由来）」釈文「此なまずめ、うぬがおかげで／百ぜに（銭）お六まいなくして／しまつたそのかハりに／ぶちころしてくつて（喰って）／やるそ」等 新吉原の遊女たちが大鯰をなぶる。

▲大正期の既にイベント化した花魁道中か。禿を引きつれての華やかな着物姿の呼出。（1910年代撮影）

▼明治時代の張見世風景。

ころだ。

参考までに現在の吉原のソープランドの遊興料は総額で表現すると、高級店が六万円以上の店をいう、大衆店が三万円前後、格安店が二万円以下というのが相場《そうば》である。今は店によって遊びの値段が決まっているのだ。

一方、宝暦《ほうれき》以降（一七五一〜）の揚代《あげだい》を、街のガイドブックともいえる『吉原細見《よしわらさいけん》』で調べると。実際にはすでに存在しない太夫格が九十匁つまり一両二分で今の九万六千円、格子女郎が六十匁＝一両で今の六万四千円となっている。先の時代に比べると、現在の金額にして一万円ずつの値上がりだ。

その下の散茶女郎《さんちゃじょろう》の揚代になると金三分とある。ここからがややこしい話に。金三分の女郎《じょろう》のなかの最上位を呼出昼三《よびだちゅうさん》という。それよりもランクの低い昼三もいて、そちらは平昼三《ひらちゅうさん》と呼ぶ。名前の由来は昼遊んで、つまり片仕舞《かたじまい》で料金が三分というところから来ているのだろうが。それだと昼夜通しで遊べば六分になってしまう。六分とは一両二分であって、当時はもうない太夫と同格になってしまい、釣合が取れなくなる。

それならば昼三とは、昼夜で三分でなく昼遊んでも三分、夜遊んでも三分と理解すべきなのだろうか。そして散茶女郎の中には、呼出がいて、そのなかに昼三がいて、昼三には呼出と平がいたのである。実に複雑だ。

ところで遊女の種類を見世＝店の格式と照らしてみると、揚代金が二分以上の遊女しかいない見世を大見世《おおみせ》といって、大籬《おおまがき》＝総籬《そうまがき》とも呼ばれる最も格式の高い妓楼である。在籍の遊女も呼出、昼三、附廻しかいなかった。

次は二分以上の遊女と二朱の遊女が交じっている中見世《なかみせ》で、交《まじ》り見世《みせ》、半籬《はんまがき》とも呼ばれた。さらにランクの下の見世を、小見世《こみせ》＝二朱見世といって総半籬《そうはんまがき》とも呼んだ。在籍している遊女は一分女郎が一人いるかいないかで、あとは二朱女郎だけの遊女屋である。

以上のように吉原の遊女屋も遊女も、明確な階級によって塗り分けられていた。

▲客をつなぎとめておくための手管には自らの髪を切って渡すこと。それ以外にも放爪（ほうそう）、黥（いれずみ）、切指などがある。
豊国・国久　『江戸名所百人美女』大音寺まへ　東京都立中央図書館特別文庫室所蔵

◀裲襠（うちかけ）を羽織って床を立つ遊女。櫛笄（くしこうがい）を着けたままなのは、これから"廻し"を取りに行くところか
豊国・国久『江戸名所百人美女』新吉原満花　国立国会図書館

第二章

品川歩き、四宿と飯盛女の街

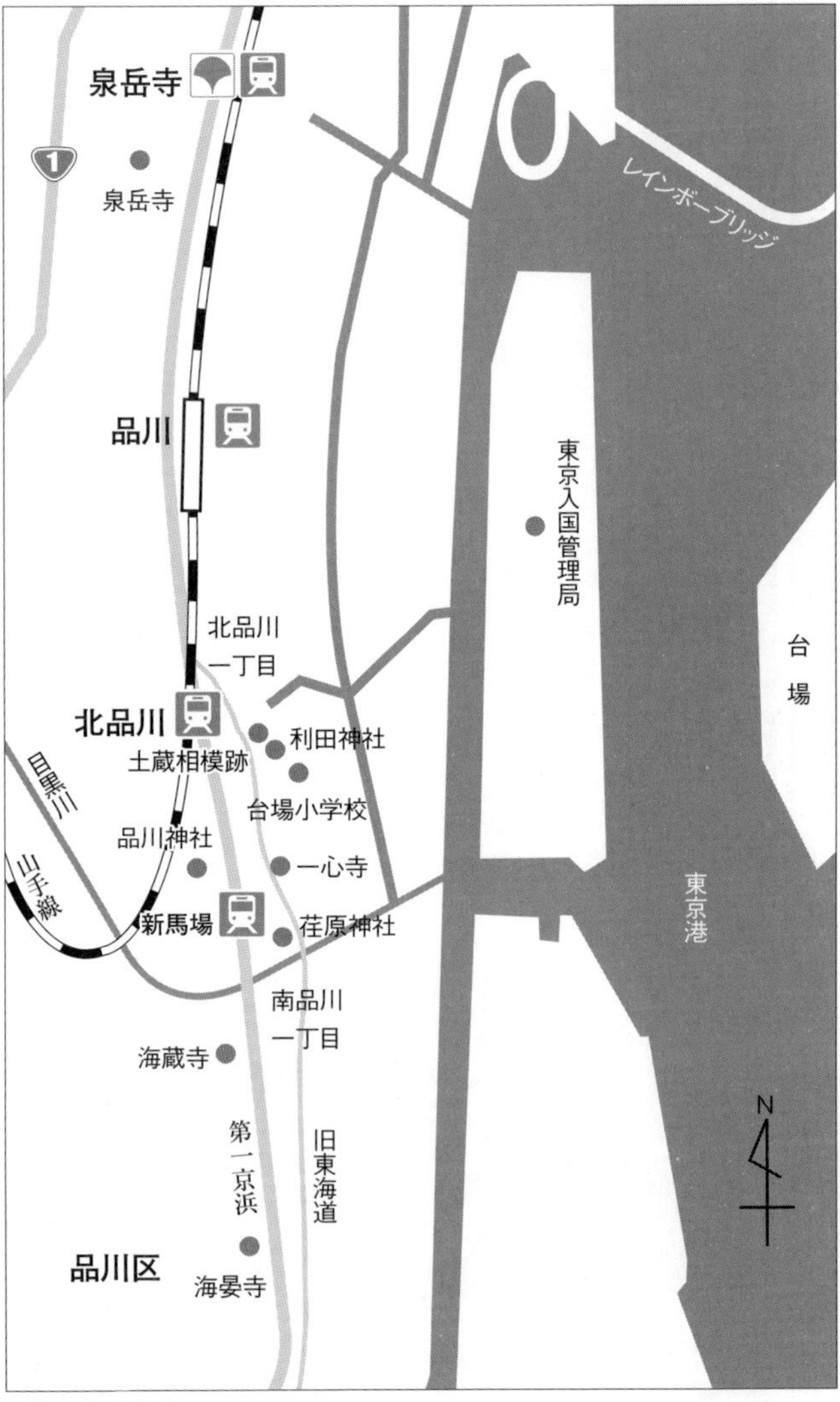
泉岳寺
泉岳寺
1
レインボーブリッジ
品川
東京入国管理局
北品川
一丁目
台
場
北品川
利田神社
土蔵相模跡
目黒川
台場小学校
品川神社
一心寺
山手線
新馬場
荏原神社
東京港
南品川
一丁目
海蔵寺
第一京浜
旧東海道
N
品川区
海晏寺

▲第二章関連略図

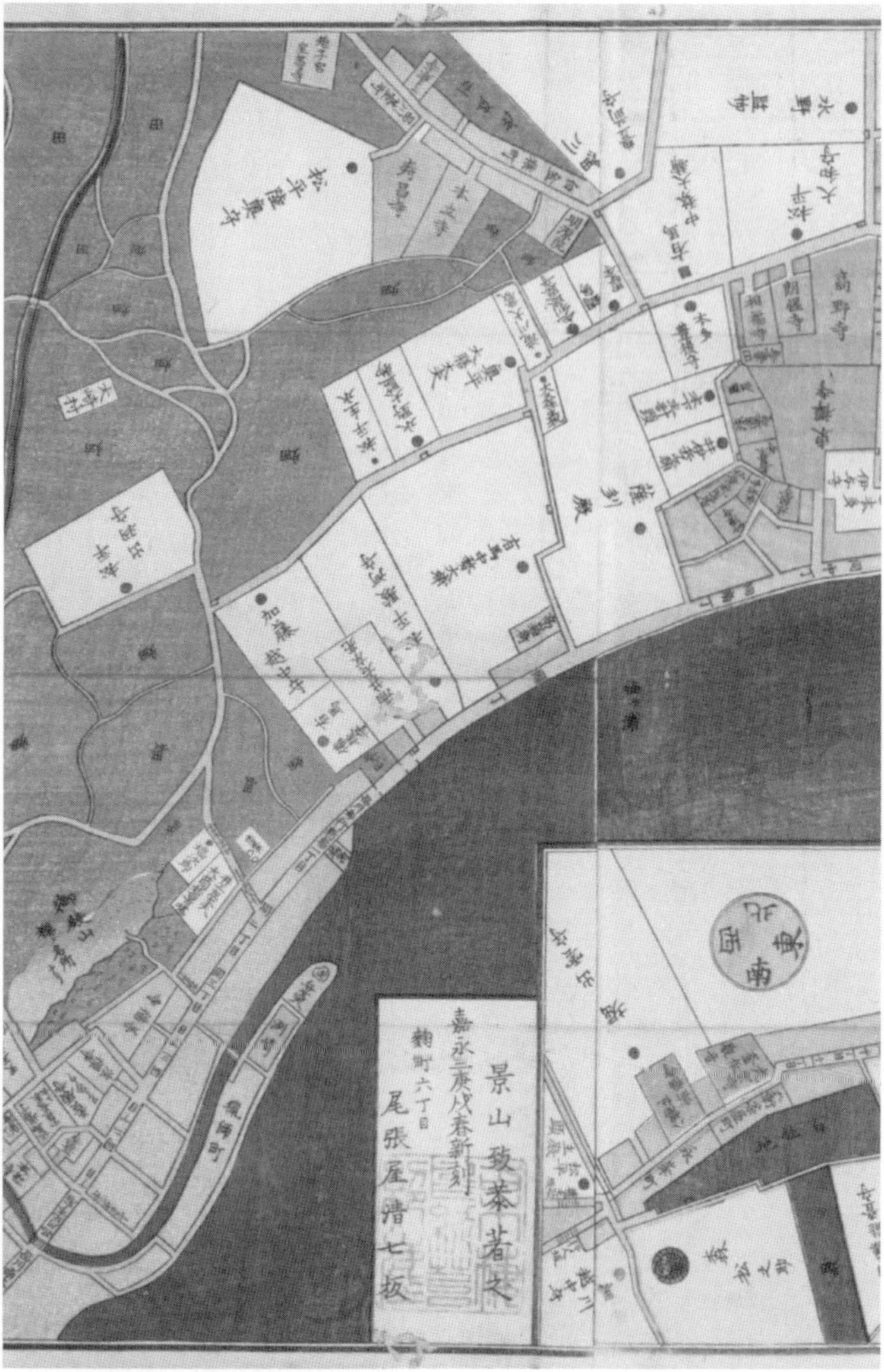

▲江戸切絵図『芝高輪辺絵図』(一部)
景山致恭,戸松昌訓,井山能知 編
国立国会図書館

◆交通の要所に風俗あり。かつての四宿・品川

品川駅中央口を出ると目の前には背の高いホテルが林立している。江戸時代には旅籠《はたご》、現代ではホテルと名称こそ変われど、品川は宿場の町であることに変わりがないようだ。

さて駅前を通っている片側三車線の幅広な第一京浜国道を、左に進路をとって歩き出してみる。ものの五分もしないうちに八ツ山《やつやま》橋の陸橋に達する。下にJRの線路が通っている陸橋を渡ると小さな公園がある。付近にはやたら品川が東海道の一つ目の宿場町＝初宿だと知らせる標識やら看板やらが、表示されている。

宿場というのは昔から、元気な客引きなどがいて過剰なくらいに売り込みが激しくて、商売熱心な性格を持っている。その意味で御当地はかつての伝統をそのまま受け継いでいる土地柄のようだ。商店会であれ、観光協会であれ立派、立派。

そして公園を抜け京浜急行の踏切を横切ると、今度は先ほどの国道とはまるで異なる狭い道幅の道路が登場する。これが旧東海道だという。片側一車線もあるかないかの道である。原寸大の東海道は狭いのだ。

そして、ここからが品川の宿。なかでも、このあたりは歩行新宿《かちしんじゅく》という後発の宿場街

▲御殿山の麓を通過する大名行列の最後尾を描いている。実際には右側の丘陵部はこれほど急ではない。なお街道にそって二階屋に見える旅籠は裏の浜辺からは三階建てである。
広重『東海道五十三次』品川

▲現在の品川駅高輪口(たかなわぐち)。高層ビル群が立ち並んでいる。

であって、その先に北本宿《きたほんじゅく》と南本宿《みなみほんじゅく》が続いている。もう少し役所風にいえば旧道に沿っての北品川一丁目が歩行新宿、さらに進んで目黒川にかかる品川橋までの北品川二丁目が北本宿、それよりも先の南品川一丁目あたりが南本宿となる。

品川の宿は、この限りなのだが。色街としての品川の宿は三田にあった高輪大木戸《たかなわおおきど》を越したあたりから始まっていた。なにしろ赤穂浪士《あこうろうし》の墓所として有名な泉岳寺《せんがくじ》の門前から、八ツ山にかけての街道筋には百軒を優に超す茶屋が並んでいたのである。

これらの茶屋は単なる茶店とか水茶屋《みずちゃや》とかいうのではなく、もう二つ微妙な顔を持っていた。その一つは品川で遊ぶ僧侶や武士が途中で着替えるための中継所として、もう一つは面倒臭いからここで遊んでしまおうとする人向けの遊び場として。つまり着替えの場であって、ここから本宿に繰り出すための引手茶屋《ひきてじゃや》の役目と、ここで用を足しちゃおうとする色茶屋《いろちゃや》としての役割という二つの性格を持っていたのである。

ところで現在の国道沿いを歩いてみても、江戸の面影を伝えるものなど殆《ほとん》ど残っていない。ただ都営地下鉄泉岳寺駅を出たところにある泉岳寺の山門や本堂が当時をわずかに偲《しの》ばせてくれるくらいなもの。

しかしながら町の様子がどんなに変わってはみても、地形はそれほどに大きな変化をき

▲赤穂義士が眠る泉岳寺。吉良邸で討入りを果たした義士たちは本所深川の岡場所の傍ら大川端を通り永代橋を渡って品川に出た。

▲三代目歌川豊国『假名手本忠臣藏』三枚續物（嘉永二年三月七日十一日江戸中村座上演）

東都名所

▲眺望の良い品川の様子がよくわかる花見の図。御殿山(ごてんやま)、八ツ山(やつやま)から浜へ向かって緩やかな傾斜が続く。眺望の良さは天下一品。花見の後、男どもは飯盛旅籠へと……。
一立斎広重『東都名所』御殿山花見（品川全図）・（御殿山花見）品川全図　国立国会図書館

たさないようだ。三田の丘から芝浜に向かって、高輪台《たかなわだい》から袖ヶ浦《そでがうら》の海岸に向かって。その先の八ツ山や御殿山《ごてんやま》から品川の浜辺に向かって。ここを通る東海道の道筋は、進行方向右側の山手から左側の東京湾に向かってゆるい傾斜をみせている。

天気さえよければ、湾の向こうに房総《ぼうそう》半島のなだらかな丘陵《きゅうりょう》地帯を今現在でも望見《ぼうけん》することができる。こんな風景を眺めながら弥次郎兵衛《やじろべえ》と喜多八《きたはち》の二人は東海道を旅していったのだろう。

緩やかな傾斜の浜辺と、そこに流れ込んでくる目黒川が作り出した砂嘴《さし》によって、御当地は中世の頃から品川湊《みなと》として東西交通の中心地であった。

そこに男が集まり、さらに女が集まってきた。その意味で、こちらに色街が形作られるのは当然のこと。それが江戸時代になって東海道五十三次《とうかいどうごじゅうさんつぎ》の宿場の一つに加わり、品川女郎衆《じょろうしゅう》が千をはるかに超す人数で道行く旅客の袖を引くようになったのである。

ただ目黒川の砂嘴の先っぽの洲崎《すざき》の弁天様から猟師町にかけては、名前のとおりの漁村であった。漁獲以上に主力だったのが浅草海苔の養殖だった。やがて浜辺は埋め立てられ、幕末には品川台場《だいば》が造られた。現在は台場小学校になっているが、いまでも台場の敷地の五角形はそのまま残っている。

▲台場小学校前にある灯台のモニュメント。この隣の敷地が明治以降の品川三業地だった。

◆品川駅南側ゾーンに見られる色街の名残

浜辺を埋め立てた新地、品川台場の道を隔てた東隣には、昭和になって品川海岸三業地が造成された。料理屋、芸妓置屋《げいぎおきや》、この頃には貸座敷と名前が変わった妓楼《ぎろう》の三業が集まった新しい色街である。

なんと埋立地のなかに突然出現したわけなのだが、その多くの店はそれまで旧道沿いにあったものが移転してきたにすぎないのだ。しかし、一方の街なかの往還に沿ってそのまま残っていた旧来の娼家のほうも、昭和三十三年（一九五八年）に赤線が廃止されるまで相変わらず相当な軒数が営業を続けていた。つまり色街が昭和になって一時的ではあれど分離拡大したのである。

そのせいか戦後十数年間たっても、品川の旧東海道の狭い道には一般の商店の間に紛れるようにして、貸座敷とか料理屋とかのフーゾク系の店が並んでいた。

買い物をするごく普通の家庭の奥さんの横を、すり抜けるようにしてセッセと女郎屋《じょろうや》に通うオジさんや青年たちがいたものである。そこには、まだまだ江戸以来の宿場の名残《なごり》が漂っていたのだ。

▲面影ある品川の旧家群

▲天王洲の船着き場

この街の光景が大きく変わりだしたのは、売防法施行の直後ではなく、その後しばらくたった昭和四十年代の前半頃のことではなかったろうか。それまでは確実に宿場町の気分を伝えていたのである。

話は思わぬ方向に行ってしまったが閑話休題！　歩行新宿の今の景色に戻ろう。

旧東海道の細い道に入って、ほんの少し歩んでみると、右手になんの変哲もないマンションが建っている。一階には、これまたなんの変哲もないコンビニが入っている。

ただ他と違うのは、その入り口の脇に「土蔵相模《どぞうさがみ》の跡」を教えてくれる表示板がついていることだ。そう、ここは歩行新宿でも名代の妓楼《ぎろう》「相模屋」があったところなのである。

建物が海鼠壁《なまこかべ》を活かした特徴的な造りで土蔵を思わせるところから、土蔵相模と呼びならわされている飯盛旅籠《めしもりはたご》（遊女のいる宿）であった。幕末には、近くに薩摩藩邸《さつまはんてい》があったことから尊王攘夷派《そんのうじょういは》の志士たちが盛んに出入りしていたという。彼ら青年たちには、革命の前とはいえ性欲と食欲をまず満たすことが必要だったのだろう。

旧《ふる》い道を歩いてみると、次から次へとそれに交わるように細い路地というか横丁が現れてくるものだ。このあたりとて例外ではない。土蔵相模跡の手前には左手に問答河岸《もんどうがし》への路地があり、続いて右手に清水横丁がある。大横丁《おおよこちょう》に台場横丁に黒門横丁。その先にも

▲船溜り

▲愛知県豊川市にある36番目の宿場。土間が狭く、格子をした板の間の少し後ろに、飯盛女を並べる見世を置いている。
飯盛り女は、広重や十返舎一九も好んで描いた宿場の華であった。
歌川広重『東海道五十三次』赤坂

道の左右に溜屋《ためや》横丁、虚空蔵《こくぞう》横丁、竹屋横丁……と続いていく。

その一つ、台場横丁を左折して海側へ。かつては目黒川の河口だったところを埋め立てて八ツ山通りとなった道路を横切ったら、利田《かがた》神社に出る。周辺には漁村の風情を今に伝える船溜《ふなだま》りとか、天保《てんぽう》年間（一八三〇〜四四年）に漂着した鯨《くじら》を祀《まつ》った鯨塚《くじらづか》とか台場跡地の小学校とか。こちらはこちらで宿場とは違う、その昔の雰囲気を伝えるいくつかの史跡が目につく地区である。

海岸とは反対側の横丁の奥には善福寺、法禅寺、養願寺、正徳寺《しょうとくじ》……があり、寺院のやたら多い町でもある。旧東海道に並行して山側に後地《あとじ》と呼ばれる裏道が通っていて、それに沿いながら寺院が、後に盛り場となる門前地区を従えるようにして立ち並んでいるのだ。

これらのなかでも善福寺や法禅寺の門前には、早くから茶屋が並んで茶屋町の趣《おもむき》を呈《てい》していた。

一方、旧道に面しても品川の不動様で知られた一心寺という寺がある。こちらの面白いのは、その入り口に二本の石柱が建っていて、そこには「貸座敷中《かしざしきちゅう》」と寄進者《きしんしゃ》の名が彫られていることだ。貸座敷中とは、御当地の妓楼《ぎろう》すなわち女郎屋の業者団体をいう。おそらく明治になってから建てられたものなのだろう。だから遊女屋一同ではなく貸座敷中な

▲品川の不動様と親しまれる
一心寺(いっしんじ)。

▲鯨塚公園の鯨のモニュメント

のである。

余談だが、以前は色街であったところで、かつての置き土産を何か探すとしたら、域内の寺社の玉垣《たまがき》だとか石碑などを見てみよう。多くの場合、それを寄進した三業関係の業者の名前が残っているはずだ。彼らは色街の片方の主役なのだから、その足跡が印されているのである。

◆遊里の近くには寺町が多い……寺もまた、色街の名残

毎月二十八日の〝ほうろく灸《きゅう》〟で知られる一心寺から、もう少し東海道を先へ進んでみよう。すると、進行方向のすぐ左手に奥まってあるのが品川宿の本陣跡《ほんじんあと》である。今では公園に納まっている。往時を思わせるのではなく、往時を思わせようとするようなモニュメントのなりそこない（失礼）が公園内のそこここに置かれている。

それにしても、本陣は確かに宿場の中心ではあるのかもしれないが、当時の庶民にとっては、実はあまり有難いものではなかったのである。身分制度の最高位の大名と、同じ町内にいることの息苦しさは堪《たま》らなかったのではなかろうか。

たとえば参勤交代《さんきんこうたい》の旅をする殿様が本陣に泊まっている間は、「関札《せきふだ》」というポスターが街道筋に掲げられた。そこには「何処何処《どこどこ》の殿様が滞在中」と書かれている。となると、お殿様滞在中につき宿場内でのお遊びは表向きには一切禁じられるのだ。そんな御無体《ごむたい》な、である。

とばっちりを受けるのはいつでも庶民だ。せっかくの飯盛女《めしもりおんな》（非公認の娼婦）との交歓も、派手には楽しめず、二人粛々《しゅくしゅく》と控えめなセックスを、せざるを得ないのである。

▲本陣早立(ほんじんはやたち)の図。まだ夜が明けきらぬ内に出発する本陣の慌ただしい様子が描かれている。大名行列が本陣に一泊すると千両かかるという。旅程短縮のための早立である。歌川広重『東海道五十三次』関(三重県亀山市)

▲品川区北品川の聖蹟公園内にある本陣跡。

あまり声をたてないように！　抑えて、抑えてなのだ。

話変わって、ご当地には大きな神社が二つある。第一京浜国道の西、山手側の丘の上の北本宿の総鎮守《そうちんじゅ》の品川神社と、目黒川のほとりに鎮座する南本宿の総鎮守の荏原神社《えばらじんじゃ》だ。

ここで注目すべきは荏原神社の位置である。現在では目黒川の北側にあり、北本宿の鎮守のようにも見えるのだが、これは後になって、目黒川河口の改修工事により川の流れを神社の南側に移したことによるもの。後世の人間から見ると、何故《なぜ》か一人神様だけが川の向こうに引っ越してしまったかのように見えなくもない。

それはそれとして、毎年初夏に行われる両神社それぞれの大祭、北の天王祭《てんのうさい》と南の天王祭は蓋し《けだし》見物《みもの》である。かつては揃って品川宿一番のイベントであった。

品川神社の北の天王祭の呼び物は、なんといってもあの急峻な五十三段の石段を上り下りする力強い神輿の動きにある。ニッポンの祭りの力強さを実感させられる。そして圧巻は千貫神輿《せんかんみこし》と呼ばれる大神輿の登場だ。やはり、この地までは祭り好きな江戸っ子の住む江戸の町だったのであろう。

荏原神社の、南の天王祭もこれまた盛大な祭りである。何基もの神輿が続々と海岸にくり出しては海を渡っていく海中渡御《かいちゅうとぎょ》が人気の中心。いずれにせよ品川の宿が、東海道の

▲神社の前は目黒川。入り口にかかる赤い欄干の橋は鎮守橋(ちんじゅばし)。

▲南本宿(みなみほんじゅく)の総鎮守(そうちんじゅ)の荏原神社(えばらじんじゃ)。

交通の要衝《ようしょう》として元気だった頃からの伝統行事なのである。

この荏原神社の横を目黒川に沿って西へさかのぼり、京急線の新馬場《しんばんば》の駅を通りすぎると。沢庵和尚《たくあんおしょう》のいた寺で知られる東海寺の前へと出る。ただ江戸時代の人のなかには物の本で、境内《けいだい》の静寂さが素晴らしいといっている人もいる。

それにしても品川宿には寺が多い。ついでに触れておくと、御当地は海岸沿いにできた町だけあって、域内には〝海〟の名前のつく寺が多いことに気がつくかもしれない。東海寺を筆頭に海蔵寺、海徳寺、心海寺、海雲寺、海晏寺《かいあんじ》といったように。

目黒川を渡っても寺がいくつか並んでいる。そのなかでも時宗《じしゅう》の海蔵寺は〝投げ込み寺〟として知られる古刹《こさつ》である。

寺内には引き取り手もなく死んでいった宿場女郎をはじめ、すぐ近くにある鈴が森刑場で処刑された罪人。また〝品川溜《しながわだめ》〟という無宿者《むしゅくもの》や病囚などを収容する施設があったのだが、そこで牢死した囚人たち。さらには津波で流されてきた者、流浪の果てに死に絶えた者、飢饉《ききん》によって飢え死にした者など。いわゆる無縁仏《むえんぼとけ》を埋葬した寺である。その数は百万人になんなんとする。

埋葬したといえば聞こえはいいが、実際にはそのアダ名どおりに、門前に放置されたり境内に放り込まれたりしただけのオロク（死体）も多かったのである。

引き取り手もない遊女を埋葬し弔《とむら》い供養する投げ込み寺は、遊里《ゆうり》なら何処にでもあった。知られているところでは、吉原の浄閑寺《じょうかんじ》、内藤新宿の成覚寺《せいかくじ》、千住の金蔵寺《こんぞうじ》などが挙げられるだろう。

◀桜の名所の御殿山は品川遊びのダシに使われた。
広重『名所江戸百景』品川御殿やま

▲花の向こうに富士の山。品川は観光地でもあった。
葛飾北斎『富嶽三十六景』東海道品川御殿山ノ不二

▲図は深川でのものだが、品川でも同様の遊興が行われた。ただし同地の芸者は三味線(しゃみせん)指南の名目で許されていた。
豊国『岡場所錦絵』 遊興の図　国立国会図書館

◆色街の分布から見えてくる「江戸のスケール」

北の吉原、辰巳《たつみ》(南東)の深川、南の品川。江戸の町を代表する色街である。これに西の内藤新宿を加えると、当時の町の広さがどのくらいのものであったかが、よくわかるだろう。すなわち色街は、街のはずれに作られていくものなのであって。それらをつないでみると町のアウトラインが見えてくるものだ。

もし、遊里が町の真ん中にあったり、いつの間にか町の中心に居残るような形になったりすると、それは郊外へ郊外へと移されていく。それでも町なかに遊び場が突然現れたりすると、いとも簡単に取り潰されてしまう。

そのような色街の盛衰のなかでも、江戸の町の北と南には、フーゾクの牙城ともいえる二つの街が存在し続けていた。北国、北里、北州、北廓と様々に異称され、江戸城の北方に位置する新吉原と、南国、南里、南州、南廓と対比されて呼ばれる品川。それぞれの町の発端や成り立ちは異なるけれど、その賑々《にぎにぎ》しさ、華やかさには、甲乙つけがたいものがあった。

しかしながら、吉原は幕府公認の遊郭であることからして、天下晴れて世の中に色街として打って出る（？）ことができたが、一方の品川は立場上とても微妙なところに置かれていたために、遊び場継続には大いに知恵を絞ったものである。

というのも、こちらは明確には公認の遊び場ではない。かといって完全にアンダーグラウンドな闇のフーゾク・ゾーン＝岡場所《おかばしょ》でもない。公認・非公認どっちつかずの色街なのである。それは品川の町の成り立ちに起因している。

ここで少し品川という宿場町の在り様を眺めてみよう。江戸の町の周囲には四宿《ししゅく》といって品川（東海道）を筆頭に内藤新宿（甲州街道）、千住（日光街道及び奥州街道）、板橋（中山道）の四つの宿場があった。これらは、お江戸日本橋を起点とする江戸時代の幹線道路・五街道それぞれの最初の宿場にあたる初宿である。

この五街道を整備することに、幕府は大いに力を注いだ。それは単に幕府関連の物資を輸送するための交通手段の整備という経済的な理由にだけよるものではない。それ以上に重要なのが、軍事的な側面なのである。

当初は宿場ごとに毎日三十六頭の逓送《ていそう》用の馬と人足《にんそく》を用意することが義務づけられた。これを〝伝馬制《てんませい》〟というのだが、宿場にとってはかなり重い負担になる。なかには伝馬制の辞退を願い出る宿場もあったほどなのだ。

それが寛永十四年（一六三七年）に起きた、天草四郎で知られる島原の乱によって、兵員の移動や軍事物資の速やかで確実な輸送の重要性が、より問われることになり、幕閣《ばっかく》の頭のなかに強烈に刷り込まれたのである。乱の後に軍事力増強の必要性から特に東海道の宿駅の負担は、さらに伝馬百頭、人足百人にまで引き上げられた。

その代わりに特権として地租（税金）の免除や、公用のない時には大名や一般人の荷駄を運ぶことによって運賃を得ること、旅行者を旅籠《はたご》に宿泊させて宿代を得ることなどを幕府は許可した。蛇足だが、当時旅人を泊められるのは宿場の旅籠にだけ認められた特権でそれ以外では禁じられていた。

つまり、幕府は宿場経費の維持のための財源として幾つかの特権を認めた。しかし、その程度の特権では莫大な経費のかかる伝馬制を維持することなど到底できるものではない。特に四宿では、伝馬の必要度が他の宿駅よりも格別に高いのである。

然《しか》らば、どうしよう。答えは簡単である。というよりも誰もが思いつくことは一つ。女を置こう。

さすれば、より多くの旅客を獲得できるだろうし、近郷近在からの遊客も呼べる。まして江戸の町から最も近い四宿では、それだけでなく、これから旅に出る人の見送り〝旅送り〟や、旅から帰ってくる人のお迎え〝旅迎い〟の連中も、それを口実に押しかけてくる。というわけで宿場には〝おじゃれ〟と呼ばれる宿場女郎が当然のように集まり、集められるようになった。慶長六年（一六〇一年）、東海道の宿場の、（ただし川崎宿は遅れて元《げん》和《な》元年になるのだが）五十三次が確定されるや宿場女郎の存在は幕府も容認することとなった。宿場と色街の合体である。

▲揚代十匁(あげだいじゅうもんめ)の飯盛女のいた旅籠は徒歩新宿(かちしんじゅく)に多かった。その飯盛女(めしもりおんな)の床入りの図。
豊国・国久『江戸名所百人美女』品川歩行新宿
国立国会図書館

▲岡場所へ通うのにも、町の中の移動にも当時もっとも手軽な交通手段は駕籠であった。
豊国・国久『江戸名所百人美女』大師河原　国立国会図書館

◆遊ばない泊まり客は大事にされない？宿場を支えた遊び客

『華里通商考《かりつうしょうこう》』という江戸の色街事情を詳細にまとめた書物がある。これは西川如見《にしかわじょけん》が書いた『華夷通商考《かいつうしょうこう》』という真面目な世界地理の書物からタイトルや表現の手法をパロッて書かれたフーゾク地理書（？）である。

そのなかの品川の項を覗《のぞ》いてみると「品川国、南楼国《なんろうこく》とも云う。この国海辺絶景の地にして、芝汐留《しばしおどめ》の辺より多く出船し、ここに入津し、金銀を捨つる風俗、北国よりいやし、海上に慣れてよく客の楫《かじ》をとる……土産《みやげ》　蛤《はまぐり》（暗に女性器を示す）、客を咥《くわ》えてはなさず杓子《しゃくし》（暗に飯盛女を示す）、飯を盛る器なり　割床《わりどこ》、仏に云う蓮華《れんげ》の半座を分くるの意なり（補）この説虚言経《きょげんきょう》（暗にウソデタラメであると示す）に出す……」と、この国の特徴を記している。

注一、ともかく東京湾を目前にして、はるか房総の山々を望む風光明媚《ふうこうめいび》な宿場だった。

注二、こちらの街には、かつては舟それも猪牙舟《ちょきぶね》ではなく伝馬船で通ったこともあるようだが、その後は駕籠《かご》で通うのがほとんどになった。

注三、割床《わりどこ》とは飯盛旅籠などの妓楼の一座敷を屏風《びょうぶ》で幾つかの小間に仕切り、それぞれに客を入れるだけ詰めて効率よく娼売をするという荒ワザ。まさしく現代の本サロ（本番OKのピンクサロン）を想起すればよいのだが、それにしてもよく気が散らないで出来るものである。

また別の本によると元禄《げんろく》の頃、土地の湊屋《みなとや》長助《ちょうすけ》という親父が、器量良しの娘お玉を茶《ちゃ》汲女《くみおんな》として自らの店に出した。その店の様子は「品川の海面に四阿屋《あずまや》をかけ、軒の青《あお》暖簾《のれん》は春風に飄《ひるがえ》り、夕日は海面にうつり、蒼々として波に漂い、錦を織る有様なり」とある。これで人気にならないわけがない。そしてこれらの茶屋が発展して色茶屋《いろちゃや》になり、食《めし》売女《うりおんな》と相まって御当地で大いに活躍するようになるのである。

かように潮の香漂う景勝《けいしょう》の地・品川には人々が多く繰り出してくるようになり、それにつれて茶屋女も出現すれば、旅籠で働く食売女たちも集まる。

道行く旅人の袖を引っぱり、腕にぶら下がっては店の客にしようとする熱心な食売女。これを客引き女とも、出女《でおんな》とも、出迎女とも招婦《しょうふ》とも〝おじゃれ〟ともいった。

宿場には色々な女がいる。食売女とは何か、おじゃれとは何か、宿場女郎とは何か、説

▲品川で唯一残る旧東海道の
形見は、この石垣。

▲道の幅、商店の並びにその
昔の面影が残る。

▲四宿随一（ししゅくずいいち）品川女郎の妓品（ぎほん）、
今でいうランクは最も高かった。
広重・豊国『双筆五十三次』品川　国立国会図書館

明をしておこう。この辺の女性のことが理解できると品川の宿が色街として成り立った経緯もわかるようになるだろう。それにしてもニッポンの娼婦は、実にたくさんの異称を持っている。『売春婦異名集』などという娼婦の異名ばかりを集めて一冊にまとめた物好きなご仁もいるほどなのだ。

閑話休題、まずは〝おじゃれ〟から。

おじゃれとは、特に品川宿の宿場女郎のことをいう。また一般的に旅籠の飯盛下女のことをそう呼ぶこともある。語源的には①宿の門口に立って旅人を見ては「おじゃれ（いらっしゃい）」と招いたから②宿泊した旅人が、暇にたえかねて「夜に伽《とぎ》（相手をしに）におじゃれ」と誘えば、こそこそと寝にくるから。の二説あり。

御当地のおじゃれ＝遊女は、かなり仕事熱心だった。物の本に曰く「品川の宿には遊女多し、旅人の通る時、手洗いける女の走り出て招き止るを見て、男かくぞよみける、

旅人の通るを止めてうちまねく手の品川ぞぬれてみえけるト（下略）

旅人さえ見れば、濡れている手を拭きこそすれ慌ただしく飛び出てきては誘うのである。

そして宿場女郎とは江戸時代の宿場にある旅籠で、旅人への給仕をし売春婦も兼ねた女の一般名称だ。飯盛《めしもり》とも飯盛女ともいう。彼女たちを置く宿を飯盛旅籠《めしもりはたご》と呼び、置かない宿を平旅籠《ひらはたご》と呼んで区別することもある。

蛇足だが、飯盛旅籠と平旅籠とでは後者のほうが格下に見られた。併せて、おじゃれと遊ばずに、ただ宿泊だけの客は宿では粗末な扱いを受けたという。これは、おじゃれ一人あたり玉銭として二百文ずつ毎月末に支払う義務が旅籠には課せられていたからである。おじゃれと遊ぶことで客の懐からそれなりの金銭が落ちるもの。もちろん、この金が伝馬制維持のための経費の一部となる。

つまり宿場は宿駅であり、なおかつ遊里であったのだ。

◆本音と建前が入り組む「グレーゾーン」だった品川

おじゃれ、宿場女郎、飯盛女といわれる女性たちは私娼である。吉原の遊女は公娼である。

この私娼と公娼の区別が生まれたのは徳川幕府がつくられてしばらくたってからのこと、江戸の旧吉原が設けられた元和《げんな》三年（一六一七年）からである。それ以前は、ひとし並に私娼も公娼もなく遊女は遊女であった。

それが、吉原が公許を得てからというもの、自らの特権を守るべく吉原は執拗《しつよう》なくらいに幕府に対して私娼の取り締まりを要求し続けた。私娼に公娼が食われるというのだ。

〝書上〟という訴状に、何処そこの街には闇の妓楼が何軒あるとか、何処そこには茶店と称するところで女を置いてとても繁盛しているとか。その時々の、フーゾク事情を逐一お上に訴え申し上げているのだ。

今風にいえばチクリの羅列である。そのための調査要員さえ独自に調達して江戸市中を歩き廻らせていた。

幕府は私娼を禁じている。それ故に、たとえ品川の宿とて娼婦がいては困る、いや幕府の威信にかけてもそのようなことがあってはならない。でも、やたら出費の多い伝馬制を維持するための費用の捻出はどうしたらよいのか。

そこで考え出されたのが、旅客の食事の際に何かと面倒を見てくれる給仕女《きゅうじおんな》の存在である。ズバリ飯を給仕してくれるのだから飯盛女だ。さらには宿泊客の着物を洗ってくれる洗濯女というのもどうだろう。どちらも実際に宿場にいた娼婦である。

▲顔を剃る芝《しば》の料理屋の雇い女。料理はさておいて増上寺（ぞうじょうじ）の僧侶は地元の芝を敬遠して品川まで足を伸ばしていた。
豊国『江戸名所百人美女』芝神明前　東京都立中央図書館特別文庫室所蔵

飯盛りも所替れば品川る

彼女たちは公的には食売女、すなわちセックスつきのメイドである。とても忙しい旅宿にとっては、絶対に必要な人手なのだ。幕府が、その存在を許可したのは慶長六年（一六〇一年）と、かなり早い時期である。

ただし飯盛女も洗濯女も、いわゆる食売女は下女なのだから地味な格好をしていなければならない。派手な衣装に着替えて客の相手をするのはダメ。ましてや客と同衾《どうきん》しての夜伽などもってのほかである。

公《おおやけ》では彼女たちの売笑を許してはいない。ここから話がややこしくなってくる。為念《ねんのため》。もし吉原以外で、売笑をすれば私娼にあたる。当時の言い方をすれば隠売女《かくしばいじょ》である。しかし売女だとしたら、幕府の建前上は公娼でなければならない。とすれば品川の宿は遊廓ということになるのでは。だが現実には遊廓ではないのだから、娼家というか妓楼なるものは一軒もなく、この目の前にあるものはすべて旅籠屋である。

これが吉原と品川の違い。前者は、けろりかんと売笑について語れるが、後者ではこれほどややこしく持って回った言い方をさせられるのである。

遊廓ではないから、女郎の揚代《あげだい》つまりプレイ料金などは表向き定めるべくもない。吉原にあるような紋日《もんび》（遊里内の特別行事）もあってはならない。ずらりと店先に女郎が並ぶ張見世《はりみせ》も考えられない。となるはずなのだが・・・

からくたを品川見世へ出して置キ

品川は表立たすに売れのこり
めしもりと見へず御玄関ばんと見へ

店の表面襖《ふすま》わきの杉戸の前に座っているのは木綿の粗末な着物を着た下等女郎が二、三人。うっかりしたら玄関番の男衆と見間違えるようなご面相の女性だという。無残なこと、無残なこと。

では上妓は何処にいるのかと探してみると。影見世といって店に上がると外からは見えない部屋で〝美服粲々《びふくさんさん》として春花を欺《あざむ》けり〟というような綺麗な着物を着た美女たちが居並んでいるのだ。それにしても一方は玄関番で、一方は春花と表現されようとは無体な譬《たと》えである。

品川の妓楼は、前面を街道筋に向けて、背後は海岸に向けていた。江戸時代には禁じられていた三階建の建物をこっそりと建てている。正面から入ったところが実は二階で、一階はその下の浜辺に面していた。なんとも品川の宿は、本音と建前が複雑に入り組む面白い宿場である。

今も昔も変わらぬ、お上とのイタチごっこが続く色街

「品川女郎衆は十匁《もんめ》」と唄にうたわれたように、御当地のおじゃれ＝飯盛女《めしもりおんな》＝宿場女郎の値段は最高位が十匁だった。次いで七匁五分、これは金で払うと二朱にあたるのだが、これらのランクの女がいる妓楼を品川では大見世という。

続いて銀六匁と五匁の飯盛女のいる旅籠屋を中見世という。その下の小見世となると揚代は銀四匁である。銀貨の六匁、五匁、四匁は、それぞれ銭にすると六百文、五百文、四百文になるのだが、これを当時の人たちは六寸、五寸、四寸ともいった。

この料金システムを、当時の色街紹介誌のなかには、洒落た韻文《いんぶん》にして、「流れ寄る舟皆々情の綱にからまれて此処《ここ》に碇《いかり》をおろす、恋の品さまざまなり十道集歌に〝七の瀬に分かる丶恋の水上は唯《ただ》一筋におも四六《しろく》して〟などと優雅に紹介しているものもある。

ちなみに現在の貨幣価値に換算してみると、銀十匁が約一万円、同じく七匁五分＝金二朱が約八千円、銀五匁は五千円の見当になる。それにしても江戸時代の通貨には金、銀、銭の三通りがあってなんとも面倒である。これを見事に使い分けていた当時の人たちは、本当に頭が良かったのかもしれない。

品川の飯盛女の料金を書くにあたって、目黒川を渡った＝橋向《はしむかい》といわれた南本宿《みなみほんじゅく》にいる、鉄橋と書いて〝てっきゅう〟と読む飯盛女を忘れてはならない。いわゆる狭い長屋の個室で「娼売」をする局《つぼね》女郎という下級の娼婦だが、彼女たちの値段は二百文であった。

幕末も押し迫った嘉永《かえい》五年（一八五二年）に、ランク分けによる御当地の飯盛女の人数を『品川細見《しながわさいけん》』という遊女情報誌から割り出してみると。銀十匁の遊女は五十三人、銀七匁五分の遊女が四十一人。つまり大見世の女は合わせて九十四人。

銀六匁が三十八人、同五匁が三百二十人、そして四匁の女郎が六十五人いた。総計四百九

▲岡場所の娼婦は時札（名札）を掛けて客の有無を知らせる。
豊国・国久『江戸名所百人美女』三田聖坂　東京都立中央図書館特別文庫室所蔵

十九人となっている。でもこれは真っ赤なウソなのだ。実際にはこの三倍の飯盛女がいたはずなのである。それに〝てっきゅう〟の人数さえ加算されていない。

しかしながら実数を、たとえ遊女情報誌にせよ正直に発表してしまったら、品川の現状を書いた〝書上《かきあげ》〟が吉原から道中奉行に持ち込まれて、それこそ大々的な捕り物が発動されるかもしれないのだ。

この取り締まりを、警動または怪動または傾動などと書いて「ケイドー」といった。品川の旅籠には、当初南北の本宿には各軒二人、その後宿全体で五百人と飯盛女の人数は決められていた。それ以上の人数を置いたり、また地道に給仕だけを本分とする彼女たちに華やかな着物を着せて客を取らせるなどのことをしたら、即ケイドーとなるのである。

その厳しさ怖さは旅籠屋の主人も女郎たちも骨身に沁《し》みて知っていた。まかり間違えば主人は所払《ところばらい》や百日手錠の刑に。飯盛女のほうは吉原に送られて三年間タダで遊女働きをさせられるのだ。

こうなってはたまらないと、ケイドーの際には慌てふためきながらも遊女を長持の内に隠したりもしたのだが。これで窒息死したり、瀕死《ひんし》の目に会ったりする女もいた。また小舟に乗せ、上に投網《とあみ》や菰《こも》などを被せて川崎あたりの知り合いに一時的に匿《かくま》ってもらうこともあった。

それでなくとも吉原の業者に書上を使嗾《しそう》するような性質《たち》の悪い岡っ引《おかぴ》きなどもかなりいる。多くは酒手《さかて》か、ちょっとした小遣い銭欲しさに必要以上に妓楼に向かって目を光らせているのである。

もちろん品川サイドだって、手をこまねいているわけではなかった。吉原の事情通や、下役人の情報に長《た》けた人間を引き抜いてきて、宿場の入り口付近で、それとなく張り番をさせるなどの対応策を立てた。

これを隠語でシキテン（見張り）という。現在でも川崎の堀之内などのフーゾク・ゾーンで営業を続けているチョンの間の連中が、警察の手入れを警戒して街中の角々にシキテンを立たせている。昔も今も色街のなかは、それほど変わっていないのである。

のちに深川が大いに繁盛するまでの間は、品川が岡場所の覇者となっていた。そのため吉原を凌《しの》ぐような豪奢《ごうしゃ》さを睨《にら》まれて、寛保《かんぽう》二年（一七四二年）には、壊滅的なケイドーを蒙《こうむ》ったこともある。

▲くわえ楊子（ようじ） で床入り。いかにも安手なところ
が宿場女郎＝飯盛女の風情だ。
豊国・国久『江戸名所百人美女』 千住　国立国会図書館

▲旧東海道品川宿の江戸側からの入口。

❖変装をしてまで遊んだ？品川宿の最常連は「お坊さん」

品川の客にんべんのあるとなし

品川の近くには三田の薩摩屋敷をはじめ薩摩藩の藩邸や蔵屋敷が集中してあった。そして同じように芝増上寺《ぞうじょうじ》を中心にした寺院も多く建ち並んでいた。そのことから客には、武士＝侍（ニンベンにテラと書く）と僧侶＝寺＝（ニンベンはつかずにテラだけ）が多く近場の色街である品川へと繰り出しては遊んでいたのである。この二組が宿の上得意であったかどうかはさておいても、常連であったことに間違いはないだろう。

安永の頃に書かれた洒落本『婦美車《ふみぐるま》紫鹿子《むらさきがのこ》』のなかに次のような会話が入っている。『品川の客は坊主が多いそうだなぁ』『ハイ、なる程坊主が五分武家方が三分、町人は二分ほかございませぬ』。

ふつう色里では、無粋な侍やナマグサ坊主はあまり好まれる存在ではないのだが、こちらでは客の多くがこの二組とあって、逆に利用頻度の高くない町人の人気のほうが低かったのである。

山さんというは品川初会《しょかい》なり

この句の前句には「きらひこそすれ、きらひこそすれ」とある。なにしろ御当地では、初会＝一見《いちげん》の侍も坊主も、取り敢えずは「山さん、山さん」とおじゃれに呼ばれて、まあまあそれなりの待遇が受けられた。

この山さんとは、坊主の場合は増上寺の山号《さんごう》を三縁山《さんえんざん》というところから、そちらの関係の御仁を十把一絡《じっぱひとから》げにして「山さん」と呼んでいた。そして侍のほうは、山出し＝無粋な田舎者の意から、やはり「山さん」と呼び掛けに使われたようである。いずれにせよ、はじめて登楼して名前もわからない客には、ともかくは山さんで片付けておこうという意味合いなのだろう。

一方、御当地にまで江戸の町中から来る町人はというと、大抵が付近への物見遊山《ものみゆさん》だとか、信心の行き帰りに立ち寄ろうとする手合いが多かった。

たとえば旧暦三月の物見遊山には、御殿山《ごてんやま》の桜が花盛りとあっての花見、一方、海岸では潮干狩りの季節でもある。六月には宿内の燈籠《とうろう》出し。茶屋に毛氈《もうせん》を敷き詰めて海からの風に夕涼み。七月は江戸でも随一の〝廿六夜待《にじゅうろくやまち》〟といって陰暦二十六日の明け方近くの月の出を待って拝するイベント。

八月は海上に浮かぶ名月。九月も江戸ではピカ一の月見スポット。昼は昼で舟を漕《こ》ぎだしての釣りや投網《とあみ》に興じる楽しみ。さらには妓楼の裏手からは部屋のなかに居ながらにして釣り糸を垂れて遊ぶこともできたという。十月は海晏寺《かいあんじ》の紅葉という具合に、街の周囲の風物は一年中人を惹《ひ》きつけて離さない。

そして信心のほうでも、年間を通して正五九（正月、五月、九月）の二十八日の目黒不動、三月の池上本門寺参り、六、七両月の富士大山参り、七月の魚籃観音堂《ぎょらんかんのんどう》の四万六千日に出かけての帰りがけに立ち寄る。

また、それ以外にも江の島の弁財天、矢口の新田明神《にったみょうじん》、厄除《やくよけ》の川崎大師《かわさきだいし》などに参詣《さんけい》しての帰りに際して、精進落しの口実でご当地の飯盛旅籠に登楼する。

あれやこれやの年中行事にかこつけては江戸の庶民たちも押し寄せてくる遊里なのだ。

ここで一句

品川は目黒不動を鼻っぱり

鼻っぱりとは、博打《ばくち》の世界の隠語で〝はなばり〟が転訛《てんか》した言葉。真っ先にかけ金を張ること。そこから転じて〝口実＝ダシ〟を意味するようになった。つまりこの句の大意は、品川の女郎屋に遊びに行く口実に目黒不動の参詣をダシに使ったという次第。
とはいうが江戸の町人たちは、そうしょっちゅう遊びに来れるものではない。やはり、遊びに来る頻度からすると僧侶や武士の比ではない。しかしこちらもそれなりに苦労しつつ来るのである。こちらの努力を二句。

高輪は仏の姿おいて行く
朝帰り高輪からは出家なり

破戒僧というか生臭坊主は芝のあたりから来ては、高輪の茶屋に入り医者に変装して品川の女郎屋へ。また帰るときは坊主姿に。そのためだけではないけれど高輪には百三十軒からの引手茶屋が街道筋に並んでいた。蛇足ながら当時の坊主にとって女犯《にょぼん》（女性とセックスをすること）は大変な悪行であった。

第三章

江戸から東京、新宿街歩き

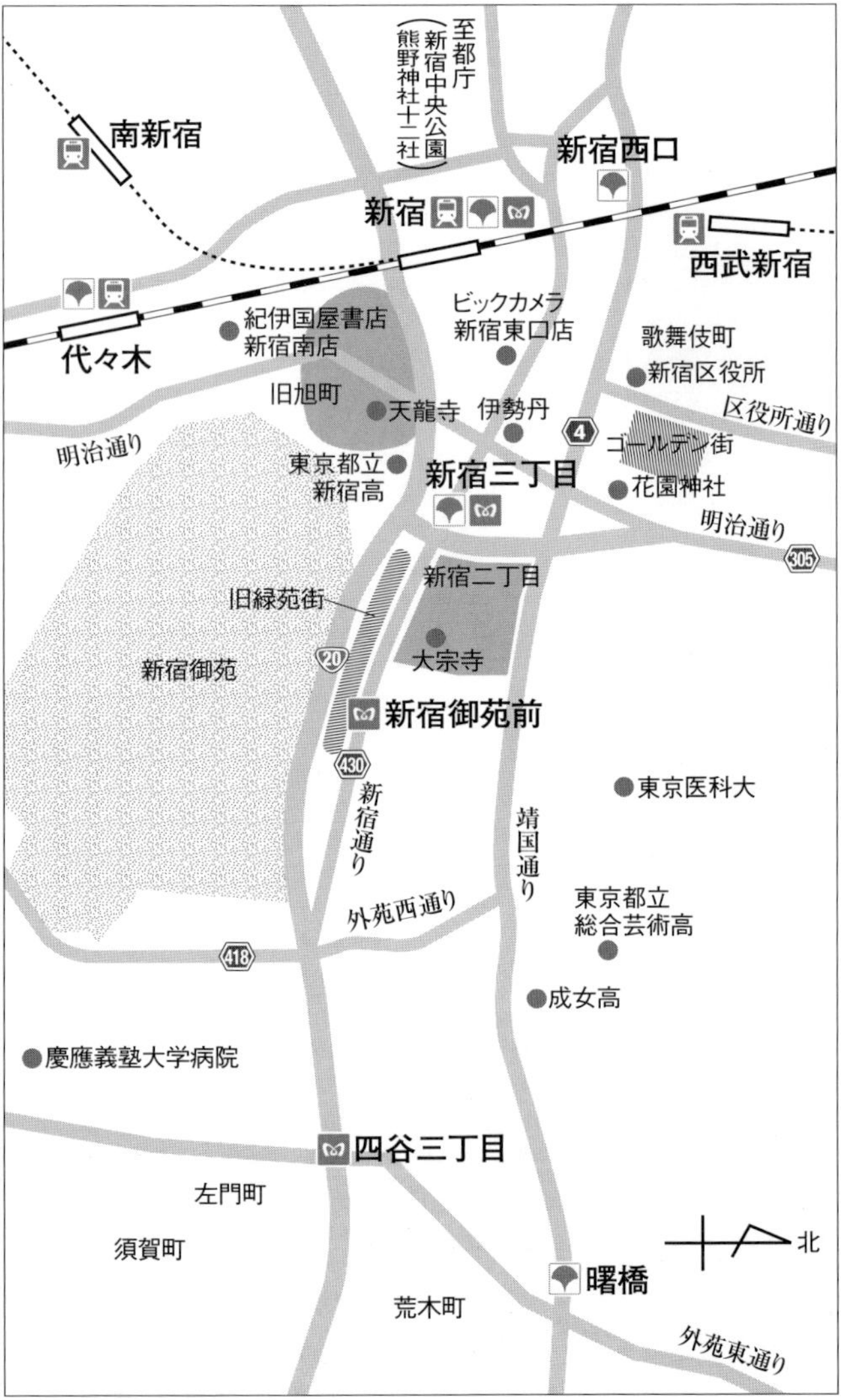
至都庁
新宿中央公園
(熊野神社十二社)
南新宿
新宿西口
新宿
西武新宿
代々木
紀伊国屋書店
新宿南店
ビックカメラ
新宿東口店
歌舞伎町
新宿区役所
区役所通り
旧旭町
天龍寺
伊勢丹
4
ゴールデン街
明治通り
東京都立
新宿高
新宿三丁目
花園神社
明治通り
305
新宿二丁目
旧緑苑街
20
大宗寺
新宿御苑
新宿御苑前
430
東京医科大
新宿通り
靖国通り
東京都立
総合芸術高
外苑西通り
418
成女高
慶應義塾大学病院
四谷三丁目
左門町
須賀町
北
曙橋
荒木町
外苑東通り
▲第三章関連略図

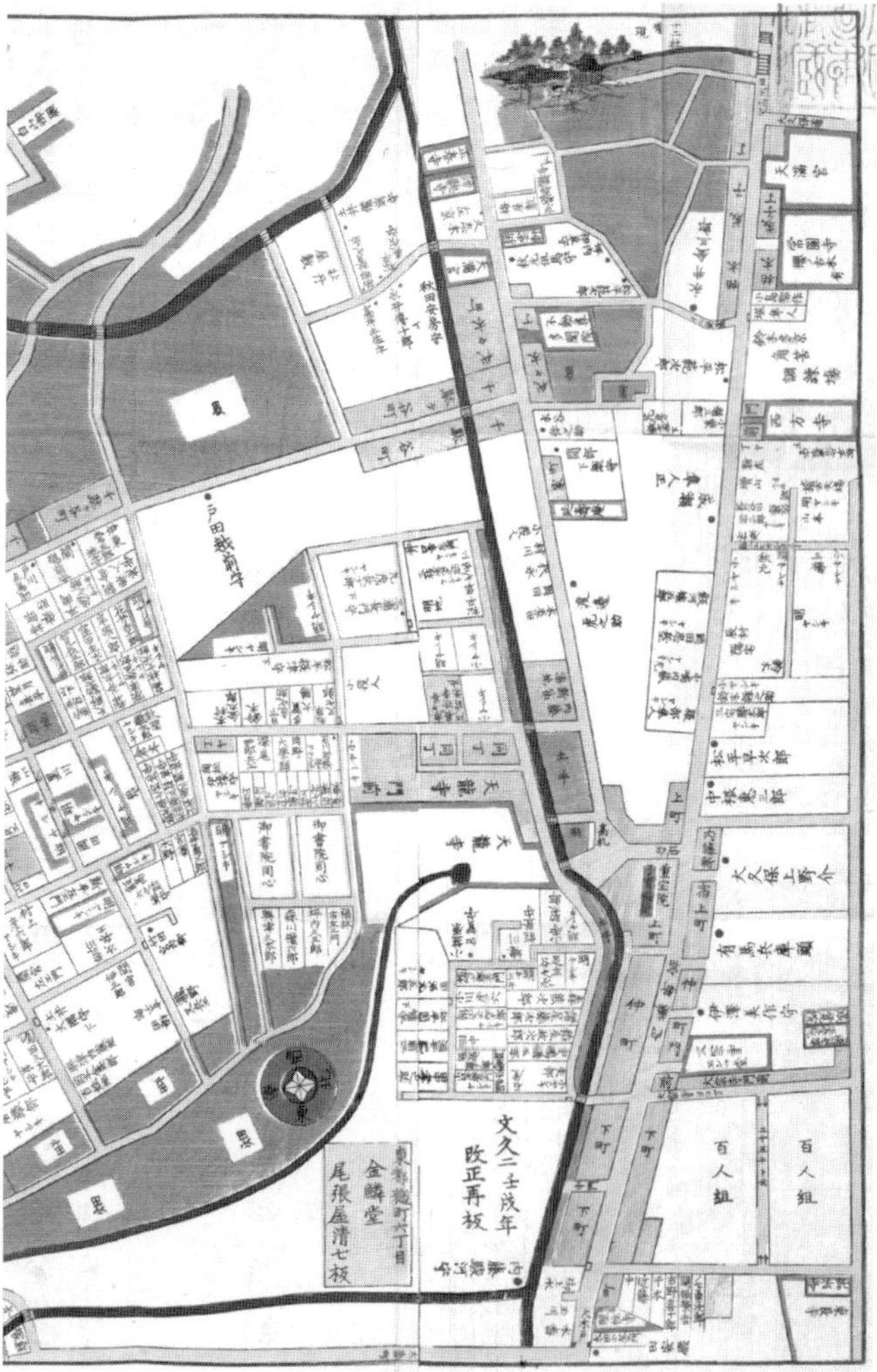

▲江戸切絵図『内藤新宿千駄ヶ谷絵図』(一部)
景山致恭、戸松昌訓、井山能知 編　国立国会図書館

◆関東大震災の「勝ち組」として栄えた、落ちついた雰囲気の色街

東京メトロの四谷《よつや》三丁目駅で降りて新宿通りを四谷方向へ進み、三つ目の路地を左に入ると緩やかな坂が荒木町《あらきちょう》の色街に向かって下って行く。

足元には洒落た石畳が街の奥のほうへと続いている。とはいっても、この石畳は、まだ敷き詰められてからそう古いものではない。というのも、これは今通ってきた新宿通りに、一九六〇年代まで敷かれていたチンチン電車＝都電の軌道の敷石に使われていたものを石畳として再利用したものなのだ。

それが、今となっては色街の風物の一つとしてイメージ・アップに役立っている。小雨《こさめ》降る夜に、街灯や店の明かりに照らし出されて淡く光る石畳の光景などはなかなかのものである。今のところ街のなかの細い路地や階段すべてにまでは舗装が行き渡っていないようだが、そのうち風情のある石畳の色街が現出するようになるのだろう。

この都会の喧騒のなかで静かな佇《たたず》まいを見せる色街・荒木町。新宿通りと、外苑東通りと、津《つ》の守《かみ》坂とで三方を囲まれたほぼ台形をした町である。

元を正せば、江戸時代には美濃高須藩《みのたかすはん》の松平摂津守《まつだいらせっつのかみ》の広大な上屋敷だったところなの

▲荒木町の石畳

◀都電の敷石の再利用で生まれた風情のある石段。

▲荒木町の看板。こんな看板にも街の保存の姿整がみえる。

▲津の守弁財天の池。弁天様の祠（ほこら） のかたわらの"策（むち） の池"を中心に出来た色街。

▲アールヌーボーな灯りが遊客を誘う。

だ。「津の守坂」という坂の名前も「摂津守」から拝借したもの。しからば「荒木町」とは。こちらは、松平の殿様の前の所有者が「荒木」の殿様だったから。

地名の詮索はそのぐらいにして、こちらが今に至るまでの色街となるきっかけとなったのは、そもそも明治の時代になって屋敷全体が町人地として開放されてからのこと。広い屋敷のなかには庭園があって、そこに台地の上から湧き出た水が滝となって流れ込む「策《むち》の池」という池があった。その傍らに現在も弁天様を祀《まつ》る祠《ほこら》が建っている。

策の池を中心に擂《す》り鉢状をした庭園のなかに、まず初めにできたのが滝見の茶屋であった。それにつれ春には花見の、夏には納涼を当てこんだ人たちが集まるようになる。そこから芝居小屋が造られ、料理屋が登場し、近くに住む芸者が呼ばれるようになり。いつしか街の体裁をとるようになったのである。

しかし明治の終わり近くなると周辺の市街地化が進み、肝心の滝に落ちる水量が少なくなって池が小さくなってしまった。それにつれて茶屋がなくなり、芝居小屋も姿を消した。ところが、それに代わって現れたのが今でいうラブホにあたる〝待合〟とか、芸者のプロダクションにあたる〝置屋《おきや》〟などだ。色街に必要な業種の三点セットであるいわゆる三業(待合、置屋、料理屋)が出揃って荒木町はそれなりの色街になった。

この街を支えた主な客筋は、すぐ近くの、現在は防衛省になっている市ヶ谷の本村町《ほんむらちょう》の陸軍の軍人たちであった。

そしてやや間があって大正十二年（一九二三年）の関東大震災である。この巨大な天変地異は、それまでの東京周辺のフーゾク地図を一変させてしまった。ところが、幸か不幸か荒木町は勝ち組に。どういうことかというと、震災で大被害を受けた下町の浅草や日本橋あたりの、それまで流行《はや》っていた遊び場から大挙して人も店も客も、こちらへと流れ込んできたのである。

やがて昭和になると、御当地は一端《いっぱし》の、というか見事な色街として広く世間に知られるようになっていた。

それはそれとして荒木町と新宿通りを挟んだ向こう側には、四谷左門町《よつやさもんちょう》の一画があって、こちらには「四谷怪談」の主人公であるお岩さんゆかりのお岩稲荷田宮《いわいなりたみや》神社と於岩稲荷長照山陽運寺《いなりちょうしょうざんようううんじ》の、お岩さんを祀っている二つのお稲荷さんがある。

左門町の隣町はJR四ツ谷駅寄りに須賀町《すがちょう》、若葉町《わかばちょう》とあるが、こちら側の町も新宿通りから奥に向かって下り坂になっている。それも荒木町側の車力門《しゃりきもん》通りの坂よりかなりの急坂で、その一つを暗闇《くらやみ》坂という。

この暗闇坂を下りきったあたりを、かつては谷町《たにまち》といった。下谷の万年町《まんねんちょう》と芝の新網《しんあみ》町《ちょう》と並んで東都の三大貧民街だったところ。なかでも谷町は、住人五千人、彼らが住む長屋が四百数十戸と規模では最大の街であった。

谷町あたりを江戸時代には鮫河橋《さめがはし》といって、本所《ほんじょ》の吉田町と並び最下層の娼婦である〝夜鷹《よたか》〟の本拠地であった。

夜鷹とは、一回二十四文（今の貨幣価値にして約四百円）で相手をしてくれた最下等の私娼であった。彼女たちは夕方ともなると頭から手拭《てぬぐ》いを被り、手には商売用の茣蓙《ござ》を持って市中の仕事場へと出て行く。仕事場とは、土手の下であったり、材木置き場の物陰であったり。そのような屋外の人目につかない場所であった。

今では夜鷹はいないけれど、ただ一つ交番に鮫河橋の地名がついて残っている。

▲さまざまなミニコミや組織の機関紙なども手に入る書店「模索舎」。一度訪れてみてはいかが。（新宿２丁目）

▲グリーンガーデンとはかつての緑苑街の直訳である。

▲玉川上水の流れゆく途中に、甲州・青梅街道（おうめかいどう）の追分に、新宿はいつの世にも物流の要衝であった。
広重『名所江戸百景』玉川堤の花（現在の新宿御苑正門付近）

◆なぜかヌードスタジオに？　赤線《あかせん》廃止直後の新宿二丁目

新宿通りを伝って、荒木町から新宿駅に向けて歩いていくと東京メトロの新宿御苑前《しんじゅくぎょえんまえ》の駅に達する。そこで新宿通りと交差しているのは新川《しんかわ》通り。それに沿うようにして新宿二丁目の目印ともなる太宗寺《たいそうじ》という大きな寺院が建っている。このあたりからが目指す新宿二丁目の色街にあたるのだ。

それより西側の伊勢丹《いせたん》のある明治通り、そして平行に走っている新宿通りと靖国《やすくに》通り。これらに囲まれた四角形の一画が、昭和三十三年（一九五八年）の売春防止法の施行で一切が廃止されるまで、地図の上に赤い線で囲まれた新宿二丁目の悪所。つまり元の赤線であり、さらに昔の遊廓の跡である。

赤線が廃止された時に、他所《よそ》の色街では、吉原のように一般旅館に転業したり、川崎みたいに座布団《ざぶとん》売春業に転じたり、大阪飛田《とびた》のごとくアルバイト割烹《かっぽう》に乗り換えたりと、妓《ぎ》楼《ろう》の転業が相次いだ。なかで新宿二丁目は、何故かヌードスタジオへと衣替えをする業者が多かった。

当時、廃止後の二丁目の街では、夕方ともなると街角にあるスタジオの入り口の前に粗末なパイプ椅子を持ち出してきては、まだミニスカートが流行る以前だというのに、座ればパンティ丸見えの裾の超短いワンピース姿の女の子たちが、椅子に座りながら道行く男たちに声を掛けていた。夕焼け空にはヒラヒラと蝙蝠《こうもり》が飛び交っていた時代である。

確かヌード嬢のスケッチ代は三十分で三百円が通り相場だった。けれどもスタジオ経営の主眼目であるヌード嬢の「出張撮影」、こと近くのホテルでの本番エッチ料は、二時間で二千二百円と半端な金額が相場になっていた。さらに、これが一日モデル嬢を貸し切りの撮影かシャセイとなると金一万円也が要求された。

ヌードスタジオの話も面白いのだが、それから五年ほど経った昭和三十八年（一九六三年）頃の二丁目で始まった現象のほうが、さらに面白かった。

こちらは深夜の一時すぎのことだ。街のスタジオの前に、いつもとはちょいと雰囲気の異なるお嬢さんたちが立つようになった。彼女たちは目が覚めるような原色のカーディガンにミニ丈のスカートを一着に及んでいた。

その一群れは、暗いスタジオのカーテンの隅の物陰に、客を連れ込んでは、主に手や口、さらには他の器官を使っての新しいサービスをすることに余念がなかった。これが、次第にその後二丁目名物になっていくオカマ系というか男娼たちの登場の図であった。

ところで内藤新宿は、このようなユニークなフーゾクだけではなく、江戸四宿《えどししゅく》のなかでは最も個性的な歴史を持つ宿場町であった。まずは宿場町としてのスタートが元禄《げんろく》十一年（一六九八年）と他の三宿（品川、千住、板橋）とは百年近くも遅いのである。

それまで甲州街道の初宿といえば、日本橋から四里ほどの距離にあった高井戸《たかいど》の宿であった。これではあまりにも距離がありすぎることから、その中ほどにあたる内藤町《ないとうまち》に宿駅を開く請願が幕府に出された。開宿を願い出たのは、浅草にあった岡場所〝ドブ店《だな》〟の業者たちである。その開設許可のために彼らは、五千両を超える冥加金《みょうがきん》と年貢を上納することを条件にしている。ドブ店では、余程美味《おい》しい仕事をしていたのだろう。

この要望は認められ、元禄期に内藤新宿が新設された。もちろん宿駅として公私の人馬の世話や駅伝事務を取り扱う問屋場《といやば》が設けられたわけで。そうなると、その費用捻出のための飯盛女《めしもりおんな》を置く旅籠屋も当然のこととして認められた。

で、それなりに彼らは女郎屋稼業に精を出したのであろうが、如何《いかん》せん当時の甲州街道にも新宿あたりにも、それほどの人がいるわけでもなく、寂しい土地であった。稼ぎの多寡も知れていた。そのため、二十年ほどで宿場は敢《あ》えなく取り潰しの目に。後《のち》に初めに願い出たときの冥加金の未納分千両ほどが幕府への借金として残っただけだった。

▲床の上で帯解く飯盛女。吉原に比べると敷き布団の枚数も厚さも少ない。すなわち格下ということだ。
豊国・国久　『江戸名所百人美女』内藤新宿　東京都立中央図書館特別文庫室所蔵

◀広重の大胆な構図の新宿風景。御当地の飯盛女のことを馬糞女郎ともいった。
広重『名所江戸百景』四ッ谷内藤新宿

◆乙津《おっ》な処《ところ》に辺名《へんな》の桜——甲州街道に栄えた色街

一度は廃宿となった内藤新宿《ないとうしんじゅく》を復活させるべく、その後もしぶとく遊女屋たちは再開を求める活動を続けた。その甲斐《かい》あって明和九年（一七七二年）に、今度は冥加金《みょうがきん》百五十五両と年貢十六両一分を払うことを条件に旅籠屋《はたごや》と茶屋の再開が認められた。そして、宿場全体で飯盛女《めしもりおんな》百五十人を置くことが許可された。それにしても前回に懲《こ》りてか、今回は冥加金を随分少な目に申し出たものである。

しかし廃宿の間に、時はあたかも経済積極策をとる田沼時代になっていた。さらに新宿付近も以前とは違って、江戸の商業圏が広がるなか甲州街道、青梅《おうめ》街道を使う物資の流通も盛んになっていた。

文化五年（一八〇八年）の調べでは、旅籠屋と称する娼家が五十軒、そこへ客を連れていく引手茶屋《ひきてぢゃや》が八十軒にも達している。なお四宿のなかで茶屋があったのは新宿と品川の二か所だった。

ここで内藤新宿の街のなかを見ておく。お江戸日本橋のほうから二里の道を歩んでいくと、まず四谷の大木戸《おおきど》を通って太宗寺までを下宿《しもじゅく》といった。続いて太宗寺から甲州、青梅二街道の分岐点の新宿追分《しんじゅくおいわけ》（今でも、交番と団子屋の名前に残っている）までが中宿《なかじゅく》。そして追分から甲州街道なら代々木町《よよぎちょう》、青梅街道なら成子宿《なるこじゅく》外れまでを上宿《かみじゅく》といった。

宿場の取っつきの下宿には立派な遊女屋はなかったという、その代わりではないが引手茶屋の殆どはここに集中していた。一方、中宿と上宿には女郎屋の良いのが揃っていた。

その辺のところを文化期（一八〇四〜一八）に書かれた『江戸図解集覧《えどずかいしゅうらん》』では「政田屋の玉をならべ、山崎屋の料理にて、国田屋の座敷にて遊ばんといへり、吉原よりも女郎来る事あり、茶屋は山科屋を第一とす、当時南北の国より賑《にぎわ》ふ所なり」とある。

この政田屋と山崎屋は上宿、国田屋は中宿にあった旅籠屋。政田屋には美玉《びぎょく》で俠《きゃん》な飯盛女が揃っていて、山崎屋は料理が美味く、国田屋は座敷が綺麗だということだ。ついでに南北の国とは、南の品川、北の吉原をいう。

ともかく文化文政時代の新宿は、江戸市中の遊里《ゆうり》のなかでも最も繁盛していた。もう一つ新宿についての通り言葉に面白いのがある。「乙津《おつ》な処《ところ》に辺名《へんな》の桜」という通言である。

甲州街道の宿場の八王子に乙津という小さな集落があって、そこの辺名というところに桜の名所があった。そこまで桜を見に行くのに、市中からだと新宿に一泊して、次に府中に一泊、そして八王子に泊まる。

この三か所とも宿には飯盛女＝宿場女郎がいて、旅の三日間は退屈することがない。実に結構なことである。これを表現して「乙津な処に辺名の桜」といった。それにしても江戸時代とは、なんと悠長な時代であったのだろう。

御当地がどれほど繁盛したのか、例としてよく引かれるのが、宿場として再開してまだ間もない頃に大木戸の近くにあった藤白屋《ふじしろや》という掛茶屋《かけぢゃや》の話である。ここの娘がやたらの器量良しで新宿小町といわれていた。

彼女見たさに、茶店には連日沢山の男客がやってくる。それで日の茶代の売り上げが六、七貫文《かんもん》（一貫文は現在の貨幣価値にすると、おおよそ一万六千円ほどに当たる）にもなったという。その頃の、茶店で一日の売り上げが四貫文（六万四千円）を超えるというのは、かなりな流行り方の店である。まして新宿で、となると破格だ。だが、それだけの人が出《で》盛《さか》る街になったということでもあろう。

吉原《よしわら》は蝶新宿《ちょうしんじゅく》は虻《あぶ》が舞い　という川柳がかつては作られた時代もあったのに、である。

参考までに、大流行の色街・新宿での遊興費＝揚代《あげだい》は如何《いか》ほどかというと、最高値が銀十匁《もんめ》（一万円相当）、その下が七匁五分＝二朱（八千円相当）。ここでいう匁とは銀貨の量単位で小判一両の六十分の一。分はここの場合はフンと読んで一匁の十分の一を表す。

▲吉本興業前にある新宿ゴールデン街入り口。一体何がゴールデン街なのか。おそらく以前は何かが光っていたのだろう。

▲ゴールデン街の一番街。かつての青線はサブカルチャーの街になり、現在はまた若者の集まる賑やかな飲み屋街に。

▲歌舞伎町からのゴールデン街入り口。すぐ近くの青線・柳街はとうに無くなったのに、こちらは一向に消える気配もない。とてもしぶとい所なのだ。

▲ゴールデン街の三番街。街の雰囲気は今でも昭和。だが本当の昭和を覚えている人は少しずつ減っている？

さらに朱とは、金貨の量単位で小判一両の十六分の一をいう。一朱は、今の四千円に相当する。何んとも煩雑《はんざつ》な銭勘定である。

◆新宿を彩った四色の色街とは?

新宿は赤、青、白、黒の四色の町だった。赤とは前章で紹介した新宿二丁目の江戸時代から続いた色街(のちの赤線)のこと。

そちらの赤を中心にして戦後の昭和二十一年(一九四六年)から売春防止法の施行された昭和三十三年の間に新宿の町のなかに広まったのが青と白と黒の世界である。

青線《あおせん》とは多く赤線《あかせん》の周りに、ごく自然に形成されたアンダーグラウンドな色街のことをいう。赤に対しての青であって、別に色そのものに意味はない。赤線＝旧来からの遊里が比較的に町の中心から離れたところにあるのに対して、青線《あおせん》は最寄りの交通機関で赤線に行く手前側、つまり便の良いところに出来るケースが多い。

青線だけが単独に存在するという地区もあるが、殆どの場合が赤線に寄り添うようにして、それよりも若干通《かよ》いやすい場所に青線の街は形成される。赤線よりは後発の色街だが、より多く客を集めて繁華になる場合が多い。新宿でいえば、駅の近くからセンター街周辺、区役所と風林会館《ふうりんかいかん》の間、その反対側の区役所通りから入る柳街《やなぎがい》、それと花園《はなぞの》神社の裏手のゴールデン街などである。

二丁目に遊びに行く前に、この辺の何処《どこ》かに引っかかって遊んでしまう人がよくいた。「だって、することは同じだろう」とは当時の利用者の弁。かくて一般的に、青線のほうが赤線より繁盛する。庇《ひさし》を貸して母屋を取られる式の図が、色街あたりでは多く見受けられた。

赤、青の線区がプロの領域としたら、白線《ぱいせん》とは素人の女性がひょんなはずみで（実はかなり意識的にだが）男の誘いに乗ってしまうか、こちらから誘ってしまうようなことが頻々《ひんぴん》として起きる地区をいう。その意味では、あくまでも偶発的なと思われる事柄がなんとなく発生する場所であって、最も面白い遊所かもしれない。

「もう店閉めちゃおうかな。お客さんもいないし。ねぇ、お二階に上がりましょうよ」などという棚ボタの話が、降って湧いたりしたものである。はるか昔の良き時代には。

新宿でいえば、新宿御苑と新宿通りの間に挟まれた細長い一画にある緑苑街《りょくえんがい》、御苑街《ぎょえんがい》、千鳥街《ちどりがい》のあたりが、この白線に該当した。白線小路《しろせんこうじ》とも呼ばれた、この狭い場所に百軒近くの飲み屋がひしめいていて、店のママや女の子たちが鋭意とまではいかないが、それなりに頑張りつつ適度にお仕事をこなしていた。

この白線街で思い出されるのは、後期になればなるほど街のなかに沖縄料理屋の数が増えたことである。この狭い一画に、多い時には十軒以上の沖縄料理屋というか沖縄飲み屋があった。多くは沖縄から伝手《つて》を頼って上京してきた店の娘たちが、数年後には枝分かれをするように独立していったのだ。

沖縄上京組に交じって、当時はペルーなどの南米に移住したウチナワンチュウの娘たちもかなり働いていた。日本語を満足に話せない十代の女の子たちである。客とのやり取りは、ママさんが日本語からウチナワグチかスペイン語に翻訳して彼女たちに伝えていた。これも線中、線後（センの字に注意）の新宿の飲み屋街の一光景であった。

そして黒線《くろせん》とは、女の背後にヤクザやグレン隊がしっかりと控えていて〝ケツ持ち〟をしていた地区である。ヤクザ絡《がら》みの色街だから「黒」なのだ。

新宿でいえば、当時最もヤバい一帯と言われていた新宿駅の南側、旭町《あさひちょう》のドヤ街。天竜寺《てんりゅうじ》周辺の「旭町カスバ」とも呼ばれたあたりがそれにあたる。明治通りを挟んで淀橋《よどばし》署管轄の西側地区と四谷《よつや》署管轄の東側地区に分かれていたが、両方合わせて簡易旅館や五十円宿泊所などのドヤ（宿）が百三十軒ほど密集していた。昭和三十年代の中頃のことだ。そして現在でも東側地区には、客層はまったく違ってしまったがかなりの数の宿泊施設が営業を続けている。

▲かつては旭町（あさひちょう）といった街の片隅に今も残っている雷電稲荷。

▲旭町のビジネスホテル街から眺め見るNTTタワー。

黒線の女は、多くが一人稼ぎの街娼だった。彼女たちが、毎晩のように立つのは明治通り沿いか国鉄（現ＪＲ）の線路沿いであった。そして客を咥《くわ》えたら、ドヤ街のなかの仲間たちと共同で借りている個室か、自分の部屋に連れ込んでのお仕事である。

ところで、ケツ持ちといっても、彼らも組織として彼女たちをバックアップしたのではなく、殆どが女のヒモとして個人的にくっついている連中だ。このような女と男が千人以上も旭町には巣食っていた。

この町のなかには五軒のドブロク屋があって、朝の十時から次の日の朝三時頃までぶっ通しで商売をしていた。ドンブリ一杯になみなみと入ったドブロクが五十円。つまみの冷奴が十円の時代である。

午前二時すぎともなると、仕事帰りの街娼も、お茶を挽《ひ》いてシケた街娼も、ドブロク屋にやってきては一杯引っかけていく。

なお旭町がカスバとまでいわれて、ある種警察の手も届かない世界を構成するようになったのは、所轄の地区割りによるものだ。淀橋署が西側を取り締まろうとすると、女たちはしっかりと東側に行って「娼売」をしたし、四谷署が動く時には西に行って仕事をする。まるで宮沢賢治の「雨にも負けず」のようなたくましい人たちである。

◀飲み屋街の風情がたまらないスナック群。
営業は現在も元気に続けてます！

▶新宿センター街。1951年というから敗戦後まもなくから生き残るセンター街。

赤、青、白、黒と書いてきて残ったのは歌舞伎町《かぶきちょう》である。色街としての歌舞伎町は、一九八〇年代から九〇年代にかけて、ノーパン喫茶や、今でいうヘルスのファッション・マッサージや、のぞき部屋などの、いわゆるニューフーゾクが最大限に人気を集め活躍をしていた時代に尽きる。

最近の御当地は、ここ数年間繰り返された取り締まりの煽《あお》りを喰らって気息奄々《きそくえんえん》の状態。果たして、こちらをどう案内してよいものか……。

◆かつて新宿には大きな池があった——西新宿・十二社の色街

さて新宿も十二社《じゅうにそう》まで来ると田舎である。などといえたのは江戸も初めの頃の話だ。現在は副都心のお膝元、壮大な高層ビル群のなかのワン・スポットである。

かつて、晴れた日の夕暮に新宿駅の西口に立つと、淀橋《よどばし》の広い浄水場の向こうに、夕日に染まった赤い空に縁取りされた黒いシルエットの熊野《くまの》神社のこんもりとした森が見えた。その森のあたりまで歩いて行くと、何処からかチントンシャンとなんとも粋《いき》な三味《しゃみ》の音が聞こえてくる。「鄙《ひな》には稀《まれ》」というが、その逆の「都《みやこ》には稀」な雰囲気の漂《ただよ》う色街が、昭和の頃まで十二社にはあった。

そもそも十二社は江戸の中頃に、台地の上にあった熊野神社と、そこから流れ落ちる滝による弁天池《べんてんいけ》の周りの境内《けいだい》に、水茶屋《みずぢゃや》が立つようになったのが始まり。いつの間にか江戸近郊の小観光地になっていた。神社に詣《もう》でたついでに、滝と池を眺《なが》めようと物見高《ものみだか》い江戸っ子で賑《にぎ》わったとある。

それが明治になると池の西側の〝池《いけ》の上《うえ》〟に大きな料理屋が現れ、待合《まちあい》が出来、芸妓《げいぎ》が集まるようになる。昭和の初めには三業地《さんぎょうち》の許可が出て、十年代に最盛期を迎えた。当江戸の町に近い観光地であった頃の十二社ののんびりした風景。
広重『名所江戸百景』 角筈熊野十二社俗称十二そう

◀猫も寝転がるのどかな坂道。ゆるやかな傾斜の先には十二社（じゅうにそう） 名物の弁天池があった。

▲熊野神社本殿。西口駅頭から見えた熊野神社の杜も高層ビル群の彼方へ。

時の料亭・待合の数は約百軒、芸妓の数が約三百名。

こちらの名物は、なんといっても弁天池であった。最盛期、池にはボートや屋根船《やねぶね》が浮かべられていた。実はこの屋根船というのが、なかなかの曲者《くせもの》であって、なにも船に乗って興じるだけであったら屋根も障子《しょうじ》も必要ないはずだ。

芸者と旦那《だんな》だろうが、恋人同士だろうが、ともかく男と女が仲良くするのに人目は邪魔だ！ それで屋根船となったのであろう。こんな趣向《しゅこう》が楽しめたのは十二社の弁天池をおいて他にない。かくて、こちらの令名《れいめい》は満天下に響き渡るようになったとは大袈裟か？

弁天池が完全に埋められたのは昭和四十三年（一九六八年）のこと。〝池の上〟の地名はなくなって久しいが、現在も十二社通りには〝池の下《した》〟というバス停留所がある。「虎は死んで」の譬《たと》えのごとく、「名物の池は埋められてもバス停に名を残す」のだ。

戦争で一時期は街全体が閉鎖されてしまった十二社だが、戦後になると、新たに温泉が掘られて浴場施設が登場するなど、昭和三十年代にはそれなりに色街としての勢いを取り戻すまでに復興した。しかしそれも、遠からぬうち、五十年代を迎える頃には、全国的な花柳界《かりゅうかい》の退潮現象に合わせるように御当地も都市化の渦《うず》のなかで消滅の道を進んでしまった。

今となっては、この街で実際に遊んでいた人たちも齢《よわい》七十、八十に達するほどの高齢になっている。彼らに往時《おうじ》の話を聞くのも楽しいことではある。しかしながら、その語る思い出事は、次第に記憶の彼方《かなた》へと薄れつつあるようだ。かつての、東京の場末の色街といってもいいだろう十二社の街の雰囲気は、他所のそれとはかなり違って、賑やかではあっても一歩引いたような鄙《ひな》びたものであったという。

そして、十二社の池で水遊びをしたり、釣りをしたりしていた最後の世代、そう当時子供だった団塊《だんかい》の世代も、今や六十代の半ばに達している。あの街の表情や面影《おもかげ》、そこで毎日のように流れていた粋な三味線の音や、艶《つや》っぽい新内《しんない》の歌声を聴き覚えてはいるけれど、いまやそれもかなり昔の記憶になってしまった。

街のなかで残っているものを探してみても、一軒の連れ込み風の旅館と、一軒のシェアハウスに使われている古い木造建築の二つきりしか発見できなくなっている。それ以外には、壁とか窓とか塀の一部などに断片的に残っているにすぎない。その意味では十二社も、跡形もなく消え去ってしまった色街の一つといえるだろう。

▲新宿副都心、この向こう側に熊野神社そして十二社が…。

▲緑が美しい新宿御苑

第四章

深川七場所、かつての岡場所散歩

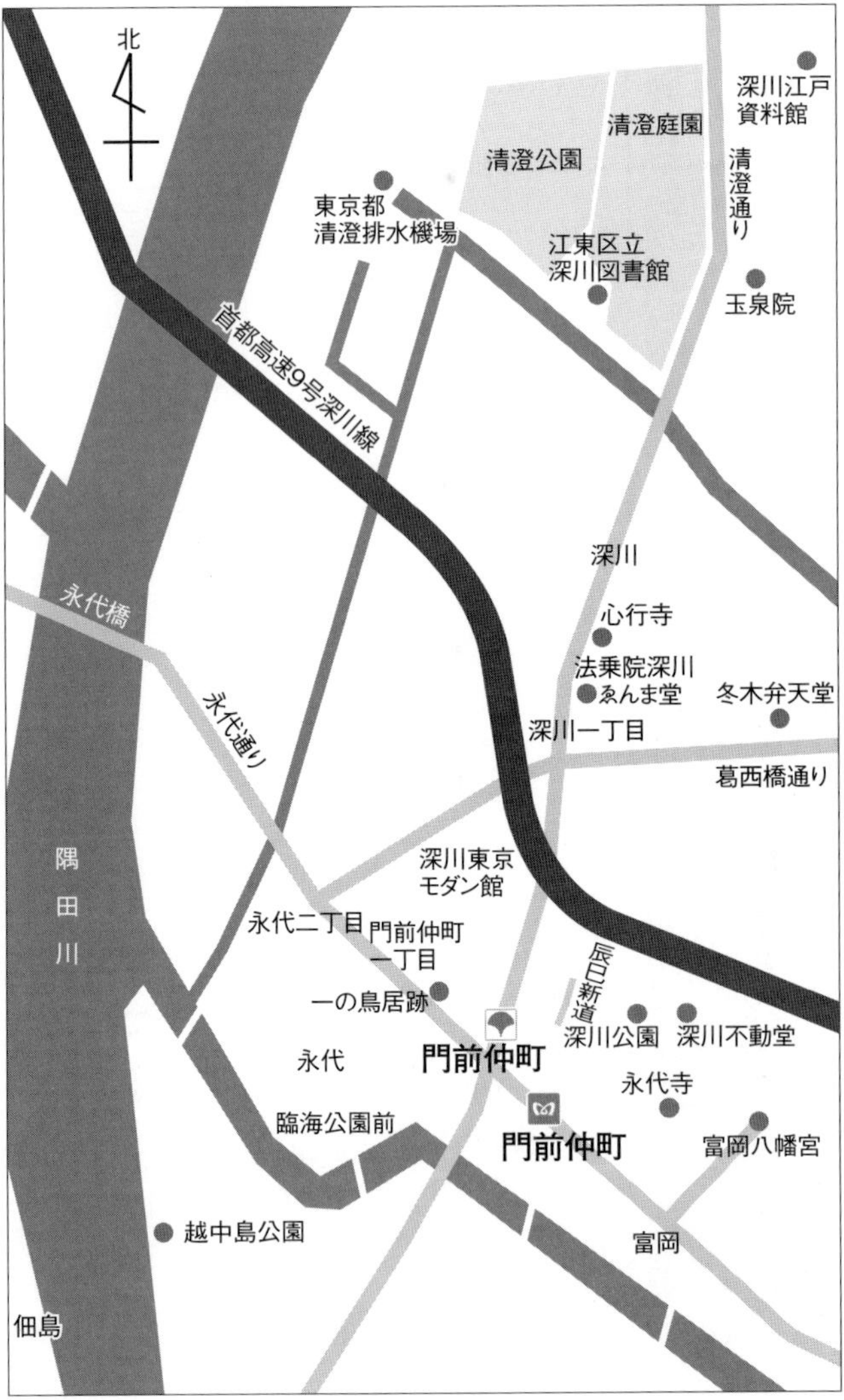
北
深川江戸
資料館
清澄庭園
清澄公園
清澄通り
東京都
清澄排水機場
江東区立
深川図書館
玉泉院
首都高速9号深川線
深川
心行寺
永代橋
法乗院深川
ゑんま堂
冬木弁天堂
永代通り
深川一丁目
葛西橋通り
隅田川
深川東京
モダン館
永代二丁目
門前仲町
一丁目
辰巳新道
一の鳥居跡
深川公園
深川不動堂
永代
門前仲町
永代寺
臨海公園前
門前仲町
富岡八幡宮
越中島公園
富岡
佃島
▲第四章関連略図

◆消えてしまった色街――かつての水上都市・深川を訪ねて

深川は、隅田川東岸の河口付近に、江戸時代初期の慶長《けいちょう》年間に開発された町である。

その名前の由来は、同地の開発者である深川八郎右衛門《ふかがわはちろうえもん》にちなんだものというのが一般的ではあるが、こちらの海岸にはフカ（鱶）がいたことから鱶河《ふかがわ》となったという説もある。余談だが夜鷹《よたか》の本拠地であり岡場所《おかばしょ》でもあった四谷《よつや》の鮫河橋《さめがはし》も付近に鮫《さめ》がいたから地名になったと言われており。岡場関係にはフカや鮫に縁があるのだろうか。

その深川、開拓当初は漁師ばかりの住む寒村《かんそん》であり、そのなかの永代島《えいたいじま》に八幡宮《はちまんぐう》が造営されたのは寛文《かんぶん》四年（一六六四年）である。神社の維持と経営の費用を賄《まかな》うために門前《もんぜん》に町屋《まちや》を造り住民たちから地子銭《じしせん》（地代）を得ることにした。

しかし、大川《おおかわ》（隅田川《すみだがわ》）の向こうという交通の便の悪さから参拝客《さんぱいきゃく》はあまり集まらず、町もさほど流行《はや》らない状態が続いたことから、繁栄策の一環として表向き料理茶屋《りょうりぢゃや》、実際は遊里《ゆうり》営業の願いを出した。その許可が明暦《めいれき》元年（一六五五年）に認められて、八幡宮東側の土橋《どばし》に女を置いた茶屋が出来たのが始まり。土橋は深川の岡場所第一号の栄誉に輝き、それが追々《おいおい》と盛んになったのである。しかし好事魔多《こうずまおお》しで、大盛況の最中の天和《てんな》年間に大火事に会い、十数年ほど鳴かず飛ばずの状態をすごしてから、元禄《げんろく》の頃になって見事復興をはたした。

それはそれとして、深川の町なかには深川七場所《ふかがわななばしょ》といって、人気のある岡場所が七か所もあった。仲町《なかちょう》を筆頭に土橋、櫓下《やぐらした》（表と裏）、裾継《すそつぎ》、新地《しんち》（大と小）、石場《いしば》（新と古）、あひる（佃新地《つくだしんち》）の七地区だが、御当地《ごとうち》にはこれ以外にも時代によって三十三間堂《さんじゅうさんげんどう》、入船町《いりふねちょう》、常盤町《ときわちょう》、御旅《おたび》、網打場《あみうちば》、安宅直助長屋《あたかなおすけながや》、こんにゃく島《じま》……実に多くの岡場所が八幡宮の門前と、その別当寺《べっとうじ》の永代寺《えいたいじ》の門前にあたる仲町、東仲町《ひがしなかちょう》、山本町《やまもとちょう》などの町地に猖集《いしゅう》していた。

と、町名、地名を羅列しても、なんの絵柄も浮かばないのでは。今はすべての岡場所は消えてなくなってしまったとはいえ、やはりここは一つ町なかを歩いてみることにしよう。少しはありし日の深川が感じられるかもしれない。

江戸市中から御当地へのアプローチは、元禄時代に大川に永代橋《えいだいばし》が架かるまでは柳橋《やなぎばし》あたりから舟で行くしかなかった。その後は、夕涼《ゆうすず》みかたがた橋を渡る人、船中の炬燵《こたつ》で暖をとりながら粋に舟で料理屋の前まで乗りつける人。いろいろだが、こちらに遊びに来るのは圧倒的に町人であった。浅黄裏《あさぎうら》とか武左《ぶざ》とか、嘲《あざけ》りの意味を含んだ呼び方で言われる武士客は殆どいなかった。その意味で深川は町人の天下だったといえるかもしれない。

永代橋のたもとは、現在小さな公園になっている。そこに立つと大川を挟んで佃島《つくだじま》などのウオーター・フロントが目に入ってくる。ここから歩き始める。まずは片側三車線の大きな永代通りを東へと向かうのだ。かつての水上都市・深川の町のなかへである。

▲永代橋の夜景

▲戦前の永代橋(えいたいばし)。そのたもと近くで江戸市内からの新川と深川開発時に掘られた小名木川(おなきがわ)が連結され船運のポイント。『帝都復興記念帖』永代橋(昭和5年刊)中央区立京橋図書館

◆深川の色街は「船で乗りつけられる岡場所」だった

永代橋《えいたいばし》から永代通《えいたいどお》りへ、本来江戸の頃の橋は、もう少し上流に架かっていたのだが、細かい詮索はなしということにして。通りを町のなかへ数百メートルも歩けば、その昔なら一《いち》の鳥居《とりい》に出会う。

一の鳥居は、もちろん御当地《ごとうち》の総鎮守《そうちんじゅ》である富岡《とみおか》の八幡様《はちまんさま》のもの。ある種、深川のランド・マークであった。ちょうど吉原《よしわら》の大門《おおもん》と同様の役を果たしていたわけで。ここからが〝大岡場所連合軍〟の本拠地だという。

しかし現在、鳥居の痕跡《こんせき》などは一切残っていない。元あった場所は、バス停留所脇のゴミ集積所になっている。その傍《かたわ》らには、太い桜の木が途中で頭を切られ、背丈を縮めるようにして植わっているのが無残だ。

ところで深川の岡場所としての懐の深さは、何も門前町の地内に遊び場所があるだけではない点だ。たとえば、一の鳥居を目指さずに大川端《おおかわばた》を北上して小名木川《おなぎがわ》を越えたあたりには御旅《おたび》の岡場があったし、油堀《あぶらぼり》の付近には三角屋敷《さんかくやしき》や網打場《あみうちば》が控えていた。深川の色街としての特徴は、たいていの岡場所の目の前にまで舟で乗りつけることができたことである。この便の良さは御当地が一大色街として人気になった大きな要因なのである。

いよいよ歩を進めて八幡宮の門前、それこそ門前仲町のテリトリーに入ってみよう。断わっておくが、ここで門前というのは、八幡宮の管理をしていた別当寺である永代寺の門前という意味である。為念《ねんのため》。

鳥居のすぐ左前方には火の見櫓《やぐら》が立っていた。とはいっても木造の一般の二階屋よりほんの少しばかり背が高いくらいだが、これでも当時は火の見の役に立ったのだろう。

このあたりを永代寺門前山本町《えいたいじもんぜんやまもとちょう》といった。火の見櫓の下のあたりだから櫓下《やぐらした》それの表と裏で表櫓《おもてやぐら》と裏櫓《うらやぐら》、それと近くに裾継《すそつぎ》という岡場所が並んである。ちなみに、こちら三ヶ所の娼婦《しょうふ》の値段は、昼が一分二朱《いちぶにしゅ》で二万四千円、夜が一分で一万六千円、昼夜通しで二分二朱である。なお線香一本分つまり約一時間のショートタイムを一ト切《ひときり》というのだが、これは二朱で八千円である。

この街の娼婦は妓楼＝料理茶屋が直接抱えている子供＝女郎のことを伏玉《ふせだま》という。また料理茶屋に登楼した客が、子供屋《こどもや》＝女郎屋から呼び寄せる女を呼出といった。後者のほうが高級とされた。それ以外に子供屋に属しているが、すべて自前の出居衆《でいしゅ》という娼婦もいた。

門前町の南側には、大横川《おおよこがわ》という運河の向こうに新地《しんち》、石場《いしば》の岡場《おかば》があって、その先はもう江戸前の海が迫っていた。

さて永代通りを、真っ直ぐといってもほんの数百メートル、昔風にいえば数丁も歩くと八幡様の前に出てしまう。この先に土橋があって、入船町があって、三十三間堂があって、あひる（佃新地）があった。ともかく右を向いても左を見ても岡場所ばかり。それが、それぞれ大流行りしていたのだから凄い。これらすべてを引っくるめて深川の色街が形づくられていた。

▲客を遊所へと桟橋で送る船宿の女房。
豊国・国久『江戸名所百人美女』永代橋 東京都立中央図書館特別文庫室所蔵

◀富岡八幡宮の本殿。

▲八幡宮境内にある横綱力士碑。

▲深川不動堂。八幡宮の境内に明治になって勧請（かんじょう）された成田山新勝寺（なりたさんしんしょうじ）の不動堂。

粋でいなせで、でも色は売る、ありし日の辰巳芸者《たつみげいしゃ》

ところで深川といえば、やはり辰巳芸者《たつみげいしゃ》だろう。羽織芸者《はおりげいしゃ》ともいい、意地と気風《きっぷ》の良さでは人後《じんご》に落ちないお姐《ねえ》さんたちである。

辰巳《たつみ》というのは、深川七場所《ふかがわななばしょ》のうち仲町《なかちょう》、裾継《すそつぎ》、表櫓《おもてやぐら》、裏櫓《うらやぐら》の四場所は日本橋《にほんばし》から見て卯《う》の方角にあたるけれど、あとのあひるは辰《たつ》にあたり、石場《いしば》、新地《しんち》は巳《み》にあたるので深川の色街《いろまち》を総称して辰巳と呼ぶようになった。そこで仕事をする芸者《げいしゃ》が辰巳芸者というわけだ。

　春むすめ夏は芸者に秋は後家《ごけ》冬は女郎《じょろう》で暮《くれ》は女房《にょうぼう》

とは女の良さを四季のなかに見立てた戯言《ぎげん》だ。実に言い得て妙《みょう》である。四季のある日本だからこその表現といえるだろう。それにしても我が国の女性は、季節感を持った存在だと改めて知らされる。

なかでも、夏の芸者とは深川そのものだ。大川に舟を出しての夕涼《ゆうすず》みも、川端《かわばた》に突き出

た床《ゆか》（涼み台）から見る花火にしても。その場に実際にいるいないはさておいて、芸者の存在に思いを馳《は》せることができる。こんな情景に似合う芸者は、若くて元気で健康で、意気と風采《ふうさい》のある女ということになるのだろう。芸者イコール夏の女とするイメージは、色街が長い時間をかけてつくり上げたものである。だが半面、芸者には昔から大年増《おおどしま》のイメージもあるけれど。

夏の芸者のイメージづくりには辰巳芸者の役割は大きかった。辰巳気質《たつみきしつ》とでもいおうかキャン（侠）でイナセ（鯔背）でバラガキ（我武者羅《がむしゃら》、向う見ず）な性分の女たちだ。

深川の娼婦は呼出、伏玉、辰巳芸者こと羽織芸者の三種類である。ちょいと厄介《やっかい》なのは呼出と羽織の関係だ。羽織は表の芸と裏の色の両方を売った。そこから二枚看板とか二枚鑑札《かんさつ》ともいわれた。いってみれば呼出と羽織どちらも、する仕事に違いはない。だから両者の間では、よく揉《も》めたという。

ところで羽織芸者の羽織とは。大川端《おおかわばた》にある深川は、川風が寒いとあって芸者たちも男同様に羽織を着ていた。それが馴染《なじみ》と舟になどに乗るときに羽織を脱いで客に着せかけたりする、その風情《ふぜい》が妙に受けて羽織芸者の名が付いたというのが一般的な説である。

羽織＝辰巳芸者は、八幡宮《はちまんぐう》の門前《もんぜん》にいた茶汲女《ちゃくみおんな》から始まったといわれている。しかし取り立てて話題にするほどのこともなく芸者とも踊子《おどりこ》とも子供《こども》（御当地の娼婦）ともつかない状態が続いていた。それが一挙に変化したのは、元禄期《げんろくき》に陰間《かげま》の本拠地の芳町《よしちょう》で人気のあった女芸者の菊弥《きくや》が、評判を取り過ぎて同地にいづらくなって深川に引越してきてからのこと。彼女は、仲町で唄《うた》の師匠《ししょう》と茶屋を始めた。そこへ市中の馴染客が次々とやってくるようになり、町全体が景気づいたのである。

菊弥の流れを汲む芸者は、キャンとイナセとバラガキを売り物に、木場《きば》や日本橋あたりの大店《おおだな》の旦那《だんな》たちだけではなく、一般の庶民からも、大いにもてはやされた、これが羽織芸者こと辰巳芸者の伝統となって後々まで続いたのだ。

▲辰巳新道（たつみしんどう）の中にある、ちょいと一杯立ち寄りたくなってしまう飲み屋入口。

▲新道の角に立ち止まって今日は果たしてどちらに行こうか？

▲いまも江戸から昭和の下町の賑やかな雰囲気を伝える辰巳新道。

▲深川公園、以前は、ここも永代寺（えいたいじ）の境内だった。

深川に代表される非公認の遊廓――「岡場所《おかばしょ》」の由来とは？

ここで深川名物の岡場所について触れておこう。岡場所とは幕府公認の遊廓吉原に対しての非公認の色街すべてをいった。七場所はもちろんのこと、谷中《やなか》のいろは茶屋も浅草のドブ店《だな》も、飯盛旅籠《めしもりはたご》のある四宿の品川や新宿も岡場所である。これらの殆どは自然に発生したものなのだ。

名前の由来は、これまた諸説紛々であって、どれが正解かはトントわからない。ある説では岡は「ほか」の訛《なま》りであるとする。また別の説では、深川のように多くの客は舟で遊びに行くが、舟から見れば目指す地は岡だからとする。詮索《せんさく》はこのぐらいにしておく。

市中の岡場所の数は、トータルすると百五十を優に超すといわれている。ただ、そのすべてが同時に花開いたことはなく、必ず何処《どこ》かは潰されているか一時休業であるかする。というのも唯一公認の色街・吉原の業者たちが、自分たちの生き残りのために頻繁《ひんぱん》に管轄《かんかつ》の町奉行《まちぶぎょう》に向けて〝書上《かきあげ》〟という形で岡場所各所の状況を報告しては、取り締まりを願い出るからだ。それによって町奉行としてはケイドー（警動）という取り締まりを随時やらざるを得なかった。

なかでも寛政《かんせい》の改革の際のケイドーでは、当時あった岡場の過半数が潰された。さらに天保《てんぽう》の改革では、徹底的な全面禁止の命によってその殆どが姿を消してしまった。

全般的に見て、岡場が全盛を誇ったのは享保《きょうほう》から天明《てんめい》にかけての時代（一七一六～八八）である。しかし時と場所に関係なく幕府がどう取り締まりの手を強めても江戸の男どもは面白いところ、いい女のいるところには集まるものである。

承応《じょうおう》、明暦《めいれき》（一六五二～一六五七）には、神田四軒町《かんだしけんちょう》、雉子町《きじちょう》のあたりにあった丹前《たんぜん》風呂《ぶろ》は湯女《ゆな》を目当てに遊客《ゆうきゃく》が群がったという。

明和《めいわ》以前の品川の繁盛ぶりは岡場所一を誇った。それを追って深川が全盛を見せるのは宝暦《ほうれき》から寛政にかけての五十年間ほど（一七五一～一八〇〇）である。

この間、泣かず飛ばずだったのが、幕府への借金が払えずに廃駅《はいえき》にされて悪戦苦闘をしていた新宿だ。しかしそれも宿が再開されて安永《あんえい》の頃（一七七二～八一）になると一気に遊客を集めるようになった。文化文政期《ぶんかぶんせいき》（一八〇四～二九）には、吉原から遊女が移ってくるまでに繁盛した。

これら、ある場所に収まって娼売《しょうばい》をする岡場所に対して、自由に流れながら色を売る女たちがいた。私娼《ししょう》である。

その代表格は、本所《ほんじょ》の吉田町《よしだちょう》と四谷《よつや》の鮫河橋《さめがはし》を拠点に江戸市中を流して回った夜鷹《よたか》である。ちなみに、その値段は江戸でも最低の二十四文（約四百円）だった。

また隅田川の下流域、特に中洲《なかす》を拠点に舟に客を乗せて娼売をした船饅頭《ふなまんじゅう》がいた。その値は中洲一周して一時間ほどで三十二文（約五百円）。

この他にも、深川の直助長屋《なおすけながや》にいた綿摘《わたつみ》、それに近い針妙《しんみょう》。さらに提重《さげじゅう》、釜《かま》はらい、比丘尼《びくに》など挙げだしたら切りがないほどだ。

▲深川は水の街、船を使っての遊興も盛んだった。帯紐を口に帯を解くのか結ぶのか。気になる光景だ。
豊国・国久『江戸名所百人美女』御船蔵前　東京都立中央図書館特別文庫室所蔵

▲戦前の色街の店の入口には、円い柱とタイルが貼られた壁というのが定番だった。洲崎に於て。

▲江戸時代の船宿は舟の手配や斡旋をするだけでなく。男女の密会の場所にもなった。図は情事を終えて蚊帳(かや) を出る娘。
歌川豊国・国久『江戸名から所百人美女』 八町堀 国立国会図書館

▲洲崎遊廓(すさきゆうかく) 跡に現在も残る戦後の洲崎パラダイス時代のカフェの建物。

◆帝都で人気となった埋立地のパラダイス洲崎遊廓

深川の富岡八幡宮《とみおかはちまんぐう》の門前、数百メートルのところは、その昔洲崎《すさき》と呼ばれる海岸であった。これは地名となって、その後も江戸時代を通じて残っていた。それが、門前から数十分も歩くぐらい離れた隣の浜に名前を移したのは江戸も終わりのころだった。

新旧の洲崎の浜の境目付近には、洲崎弁天《すさきべんてん》という神社が建っている。このあたりは神社の右側が、すぐ砂浜になっていて、なかなか眺望《ちょうぼう》のよい景勝地《けいしょうち》になっていた。

浜に向かって右手の彼方には富士山が、左手前方には房総《ぼうそう》のなだらかな丘陵《きゅうりょう》が、そして左後方には筑波山《つくばさん》の遠景がよく見えた。

特に正月元旦には海の向こうから上がる初日の出を眺《なが》めようと見物人が多く押しかけた。また夏ともなると江戸前の海で潮干狩《しおひが》りを楽しもうと、これまた多くの人がやってきた。

この景勝地、七万坪を東京府が石川島監獄《いしかわじまかんごく》の囚人《しゅうじん》たちを使って埋め立てたのは明治の中頃のこと。海に向かって長方形をした埋立地《うめたてち》の中央には幅三十五メートルもある広い通りが造られ、街には洲崎弁天町《すさきべんてんちょう》という名前がつけられた。

果たして、この広大で四方を海と水路で囲まれ出入り口が中央の大通りしかない不思議な埋立地は、その後明治二十一年（一八八八年）に洲崎遊廓《すさきゆうかく》として開業した。島というか街というか、その周囲はコンクリートの堤防ですっかり囲まれている。

突然出現したこの遊廓《ゆうかく》は、その直前まで東京市中の根津権現《ねづごんげん》の門前にあった根津遊廓《ねづゆうかく》が街ごとあげての移転で新たに開かれた色街なのである。

その規模は、約百軒ほどの妓楼と約百軒ほどの引手茶屋と、娼妓が千人ほど。洲崎とは名乗っても、街の住人全員が外来者というまったくの開拓地《かいたくち》であった。そして開拓地だけに、初めの頃はこちらに遊びに通うには、運河《うんが》を頼りにボートで行くか、車に乗って行くか、それとも歩いて行くかしかない辺境だったのである。

このような場所にある遊廓に通う客は、地元木場《きば》の筏師《いかだし》のような川並人足《かわなみにんそく》とか沖仲仕《おきなかし》とか、漁師とか、職人が殆どだった。しかし下町の遊び場とあって、次第に客足は伸びてきて昭和四年（一九二九年）には妓楼が二百七十軒に、娼妓が二千二百十人にまで遊廓は大きくなった。

その後、戦雲急《せんうんきゅう》を告げる時代を迎えて、昭和十八年（一九四三年）になると全遊廓をあげて海軍省の命令で廃業を決めた。その後、太平洋戦争に負けて空襲ですっかり焼け野原になってしまった遊廓跡に、占領軍の米兵のための慰安施設《いあんしせつ》が造られた。

これは、わずか三か月ほどで米軍からのオフ・リミッツの通達で閉鎖された。だが、それから間もなく今度は日本人を相手にした「洲崎パラダイス」という名前の赤線街《あかせんがい》がつくられた。そして、まだ世の中が復興する前にこの色街は最盛期を迎えている。昭和二十八年（一九五三年）のことだ。特殊飲食店の数百十二軒、従業婦《じゅうぎょうふ》五二六人という見事な回復を遂《と》げている。フーゾクは、まさに不滅であることを証明してみせるパワーであった。

◀洲崎遊廓は明治になって埋め立てられた新開地だった。彼方に見えるのは筑波山だ。
広重『名所江戸百景』深川州崎十万坪

▲遊郭の真ん中を一本走るのは、やたらに広い仲の町通りである。
『東京名所』洲崎遊廓(明治24年刊)中央区立京橋図書館

▲いまは埋め立てられてしまった遊郭入口の水路の跡に残る洲崎橋(すさきばし)のモニュメント。

第五章

上野、根津、谷中　茶屋女を追って

時代は変われど、色の街～上野広小路～

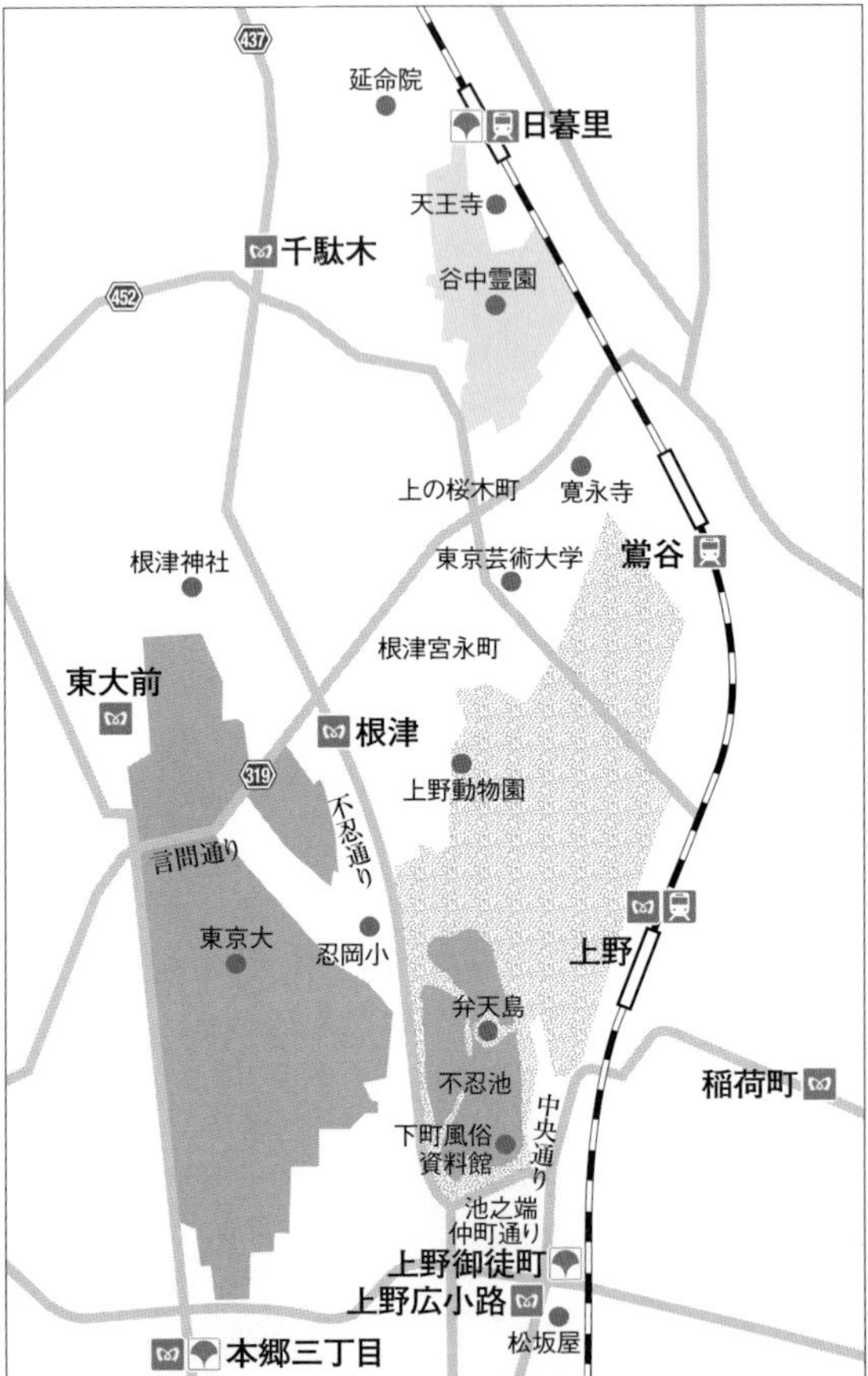

▲第五章関連略図

上野駅不忍口《しのばずぐち》を出ると駅を背にして右手には、犬を連れた西郷さんの銅像が立つ小高い上野の山が。そして目の前の幅広い中央通りは半円を描きながら左方向に流れていく。その道は、さらに左へ折れて曲がって浅草通りに入っていくのと、そのまま昭和通りと合流するのと、二つの軌跡をたどる。

さて不忍口の前の信号を渡り秋葉原方向に進んでみると、そこが上野広小路《ひろこうじ》である。以前は下谷《したや》広小路ともいった場所である。上野の町のなかでは最も繁華なところといえるだろう。「広小路」とは、江戸時代初期に起きた明暦《めいれき》の大火（俗にいう振袖火事《ふりそでかじ》）など、何度もの大火事に見舞われたことにより幕府が整備した火除《ひよ》け地のことで、火災の延焼を避けるために確保された空き地をいった。下谷広小路の場合は東叡山寛永寺《とうえいざんかんえいじ》の火災予防地として、振袖火事の後、現在の上野公園入り口から松坂屋新館までの道幅を思い切って広げて造られた。

ついでに触れておくと、寛永寺は江戸城の鬼門にあたる艮《うしとら》の方角にあった上野台の上に寛永二年（一六二五年）に建立された徳川将軍家の菩提寺《ぼだいじ》である。寺が造営されるにあたり多くの人手を要したこともあって、寛永年間には付近の山下や下谷の門前町のあたりに人口が集中して一気に市街地化したといわれている。

それに続いて広小路には、元禄年間（一六八八〜一七〇四）になると葦簀《よしず》張りの商店や

▲上野公園入り口。上野の山の麓を山下という。江戸の頃は茶屋が並んでいて"けころ"という娼婦が大人気になった。

▲山下の名物"けころ"のお仕事前のワンショット。
豊国・国久『江戸名所百人美女』上野山下
東京都立中央図書館特別文庫室所蔵

◀延焼防止のための火除地(ひよけち) を広小路(ひろこうじ) といった。そこに取り壊し自在な小屋が多く建てられ、庶民の集まる盛り場になった。信号機に残る上野広小路の名称。

◀いまの仲町通り。夜ともなると不慣れで舌足らずな日本語をあやつる妖しの女性が現れて客を誘う。

◀西郷隆盛の像。都内の待ち合わせ場所といえば渋谷のハチ公前か上野の西郷さんの銅像の下が定番だった。

▲明治の頃には数寄屋町の三業地として人気になった上野仲町（なかちょう）。現在もストリップ劇場やキャバクラなどの立て込む繁華街だ。

▲大正期のモダンな雰囲気を伝える仲町通りにある建物。

見世物小屋《みせものごや》などが多く並ぶようになる。山下の水茶屋《みずちゃや》や料理屋などもそれなりに以前からあったが、広小路が出来てからは人出も一層多くなり、さらに繁盛するようになった。山下から広小路にかけてのあたり一帯が総じて景気づいてきたのである。

とはいっても本来が火除け地のこと、広小路に構えられる建物は、朝来てから柱を組んで周囲を葦簀《よしず》で巻く。日が暮れたら早々に取っ払って帰る。そんな簡易で粗末な代物であった。明和の頃（一七六四〜七二年）になると、茶汲女《ちゃくみおんな》（茶釜女《ちゃがまおんな》ともいった）から進化した〝けころ〟という私娼を置く茶屋が出現するようになって、いよいよ上野の町は猥雑《わいざつ》な盛り場として発展していった。

現在、広小路のあたりを秋葉原のほうにブラブラと歩いて行くとウィンドウ・ショッピングを楽しめような店がずらりと並んでいて、人通りも激しい。ここいらを江戸時代には大門町《だいもんちょう》と呼んでいた。

広小路大門町東側の並びといえば、今ではデパートになっているが、かつては呉服屋だった松坂屋とか、料理屋とか飲食店などごく普通の店が並んでいた。それに混じるようにして当時は、十九軒ほどの〝けころ茶屋〟が入り込んでいたという。

広小路を挟んで向こう側には、現在にまで続く老舗《しにせ》の漬物屋だとか、寄席《よせ》の「鈴本」といった店があった。そんな表通りの隙間に〝仲町通り《なかまち》〟などの路地が、ごちゃごちゃと入り組みながら町屋を構成していた。この仲町一帯は、今もなおストリップ劇場やらキャバクラやらピンクサロンといった実にさまざまなフーゾク店が犇《ひし》めく一大フーゾク地区になっている。

そして仲町通りの奥には、かつて数寄屋町《すきやちょう》と呼ばれていた街角に、四階建ての戦前からの古いビルが残っていたり。その隣には創業延宝《えんぽう》年間という薬屋が寄り添うように建っていたりもする。このあたりが御当地の色街として人気になり出したのは〝けころ〟が天保の改革で根絶やしにされてからのことである。

だが、明治から昭和にかけての池《いけ》の端《はた》仲町・数寄屋町の色街も、戦後の一時期までは流《は》行《や》っていたが、昭和三十年代には客足も遠のいて衰退していった。今では往時を偲《しの》ばせてくれるものは殆ど何も残っていない。

まして江戸の昔にまでさかのぼるものを見つけるなんて、とてもできない相談である。その代わり、夜も遅くになってあたりをぶらついてみると、何やら稚拙な日本語をあやつる妖しげな中国娘や東南アジア嬢たちが身体をすり寄せてきて盛んに店内へと誘う。この街は、どう時代が変わろうが色の街であることに変わりはない。

◆昼なら約二千円で女遊びができた「けころ茶屋」

上野・名代《なだい》の〝けころ〟という私娼について少し眺めておこう。漢字で書くと〝蹴転《けころ》〟となる。また〝稽古路〟と当て字をすることもある。要は娼婦を蒲団《ふとん》の上に〝蹴転《けころ》ばし〟て、事に及ぶというところから発した娼婦の異称である。乱暴な言い方ではあるが、けころという名前には幾分の蔑視の他に、若干の愛着の気持ちが含まれているようにも思える。けころの名前が一般的になる以前には〝前垂《まえだれ》〟と呼ばれることもあったようだ。というのも表向き茶屋女、茶汲女、茶釜女である彼女たちの服装はその頃の法度《はっと》によって、美を尽くすことが許されず、地味な木綿の着物をいつも着ていなければならなかった。その上に前垂（前掛け）を巻きつけていたのである。前垂、つまり前掛けが彼女たちの仕事着であって、それがいつの間にか職業名になったようなのだ。

茶屋女のシンボルである前垂の生地は、明和の頃（18世紀の中期）までは質素な晒《さらし》が主だった。それが寛政《かんせい》の頃になると紺絣《こんがすり》を、さらに時代が下って幕末の弘化の時分には唐《とう》桟《ざん》や縮緬《ちりめん》など高級な生地を使用するようになった。つまり前垂が、御晴《おは》れ（晴れ着）というか、お洒落の大切なポイントにいつの間にか昇格していったのである。

▲ちょいとした料理や酒を運ぶ茶屋女。ついでた店の奥にある個室ではパーソナルなサービスも。
豊国・国久『江戸名所百人美女』目黒瀧泉寺　東京都立中央図書館特別文庫室所蔵

◀婀娜（あだ）っぽい茶汲女。おそらく湯屋の帰りだろう。
豊国・国久『江戸名所百人美女』新はし　国立国会図書館

けころを置いている見世《みせ》をけころ茶屋というが、それが集中しているところをけころ場所と呼んでいた。広小路から山下にかけてを拠点にして、浅草のほうに向かう寺町のあたりにも何か所かけころ場所はあった。下谷慶雲寺《したやけいうんじ》の脇の仏店《ほとけだな》、広小路大門町《ひろこうじだいもんちょう》の東側、御徒町《おかちまち》入り口北側、五条天神周辺、広小路から左側に入った本阿弥横町《ほんあみよこちょう》などにはそれぞれ十軒以上もの見世が固まっていた。それらすべてを合わせると優に百軒以上が並んでいて、その盛況ぶりを思わせる。

見世の構えは間口二間あるいは九尺というから、一軒あたりの店の幅は三メートル前後と考えればよいだろう。その表側は格子戸《こうしど》になっていて、そこにいかにも素人然とした、眉毛は剃《そ》らず、お歯黒《はぐろ》も染めていない女（この時代、大人の女性は眉を落とし、お歯黒をつけていた）が一人から二人、多い所で五～六人が並んで見世を張っていた。もちろん皆さん前垂をかけてである。ものの本によるとかなりの美人もいたようである。

見世の二階は、三畳四畳ぐらいの広さに襖《ふすま》で仕切った小部屋が四、五室ほど用意されていた。面白いのは一部の造作である。けころ茶屋の裏手には、往々にして隣り合う水茶屋、料理茶屋などとこっそり行き来が出来るように〝行き抜け〟が造られていた。

というのも、けころはあくまでも私娼である。客の中には人目を忍んで通ってくる者もいるわけで。店の表から堂々と入るのを憚《はばか》るムキのためにに裏口があったのだ。またケイドー（取締り）の際には玉（けころ）を、他所に逃がすためにも行き抜けが必要だった。

それ以外にもケイドーに対する用心は色々と考えられていた。たとえば、けころ茶屋は、原則として泊まり客を取らない。客の多くは〝一ト切〟（約一時間ほど）単位で遊ぶのを常としていた。それこそ寝込みを襲われたらひとたまりもないからである。けころにも、客や業者にとってもケイドーは本当に怖かった！

ただ馴染《なじみ》というか、上得意の客ともなると、なかには日暮れ頃にやってきて、夜中の九つ（午前〇時）八つ（午前二時）まで遊んでいく常連もいたという。これで料金は一分というから現在の金額に換算すれば一万六千円といったところだろうか。

けころ遊びは、表向き昼だけのもので一ト切、つまりチョンの間で二百文（三千二百円相当）。これを二百銅ともいった。さらに一文銭＝寛永通宝《かんえいつうほう》を緡《さし》で百枚まとめたもの二筋。これを鳥目二筋ともいった。つまり昼の遊びなら二百文。夜なら一分。そしてさらにない筈の泊まりまであって、夜の四つ（午後十時）から店に上げてもらえる客もいた。これがこの世界の面白いところでもある。泊りの料金は金二朱というから今の八千円ほどにあたる。その上、帰り際に駕籠代として二百文を釣りとしてくれる。駕籠代という名目が実に面白い。

◆不忍池周辺は「出合茶屋」のメッカだった

山下、広小路の盛り場のある山裾を回り込むようにして抜けると蓮《はす》の名所の不忍池《しのばずのいけ》のほとりに出る。昔の東京湾は、ここまで入り江が食い込んでいたのであって、池はその名残である。東京の町は江戸時代以来の埋め立ての歴史のなかで作られてきた町といえる。

不忍池といえば、フーゾク好きには、やはり池の中に浮かぶ弁天島《べんてんじま》が気にかかる。今でも島の中央には音楽・弁才・財福をつかさどる女神の弁天様を祀る弁天堂がデーンと鎮座している。それにちなんで周囲には芸事関係や料理関係の顕彰碑《けんしょうひ》がいくつも建てられている。それ以外には、飲み物やおでんを商うごく普通の茶店が一軒ある。

だがその昔は、島のぐるりにはそれこそ肩を接するようにして茶屋が並んでいた。それも御当地名物の、とでもいえる出合茶屋《であいぢゃや》が、である。いまのラブホテルの先祖とでもいえようか、理由《わけ》ありの男女が、こっそりと密会を楽しむ茶屋なのだ。

出合茶屋そのものは、江戸の町なかにも存在していたけれど、不忍池畔ほど集中してある場所は他になかった。そして町なかの出合茶屋と池畔《ちはん》のそれとでは若干異なる点がある。

その前に出合について、今の出会い系フーゾクとは大いに違っているので注意しよう。

▲不忍池（しのばずのいけ）の弁天島に建つ陽石（男根の形の石）。芸が細かいのは表に回るとお地蔵様が彫られている。

▲秋の不忍池全景

▲池のほとりの出合茶屋。いましも事を終え手水場から出てきて手を洗ったところの図！
豊国・国久『江戸名所百人美女』しのはず弁天　東京都立中央図書館特別文庫室所蔵

江戸の頃の「出合」とは、逢曳＝逢引＝媾《あい》曳《びき》であって、特に男女の密会をいう。俗には「仕《し》合《あい》」とか「果《はた》し合《あい》」ということも。またこれを屋外の野原や藪《やぶ》ですることを「野《の》良《ら》出《で》合《あい》」ともいう。当時の社会制度とか身分制度とか住宅事情とか諸般の事情によって、今の時代よりも密会しなければならない機会が多かったのは確かなこと。要は面倒な世の中であった。

そのための男女が密会する場所が出合茶屋であり、特に有名だったのが不忍池畔の蓮茶屋《はすちゃや》とも蓮池院《れんちいん》ともいわれた池の茶屋である。

出合茶屋の仲間には、待合茶屋《まちあいぢゃや》や中宿《なかやど》がある。待合茶屋は、明治以降になると単に待合といわれるようになる。そして同じ密会でも利用するのは主に芸妓《げいぎ》＝芸者であった。その相方は、相変わらずスケベな男たちであることに変わりはない。中宿には二つの意味があって、一つは品川に対して高輪《たかなわ》にあったような宿というか茶屋をいう場合。これは遊《ゆう》里《り》に出かける者（たとえば坊主や侍《さむらい》など）が立ち寄って身支度を整えたり変装をしたりするところの意。一つは私娼の色比丘尼《いろびくに》が利用する仕事場で、日本橋の玄冶店《げんやだな》や京橋の八《はち》官町《かんちょう》にあった施設（？）を意味した。それはさておいて、池畔と町場の出合茶屋の違いについてである。

お帰りは裏からという出合茶屋

町場の茶屋では入り口、出口合わせて四か所の通用口があるのが一般的であった。何しろ理由ありの人たちが、ぞろぞろと来るのだから人と顔を合わせるのはまずい。それで四方から外へ出られる工夫がなされていた。一方池畔のほうは、岸辺にびっしりと立て込んでいるので、そうはいかない。せいぜいが帰り口が別にあるくらいなものである。

そして町場の建物は、大抵が二階屋になっていて客の通される部屋は階上にあった。池畔のほうは池に向かって建物が張り出していることもあって、一部は足場の悪い水の上にかかっており、二階建はちょいと無理な相談である。一階入り口の奥に各室をそれぞれ気持ちズラすようにして設《しつら》えてあった。その代わり全室オーシャンビューならぬ蓮池がよく見えるレイクビューである。念のため。

出合茶屋あんまり泣いておりかねる
出合茶屋泣キさけぶのが耳につき
なかぬのハござりませぬと出合茶屋
おそろしくしたとはき出す出合茶屋

これだけ激しくスルことをして、その後始末のためのみす紙（今でいうティッシュ・ペーパー）も掃き出すほど使って、茶屋の席料は一分（一万六千円）ほどだった。

蛇足《だそく》として付け加えておくと、川柳や洒落本などの江戸のフーゾク事情を伝える文学作品によると出合茶屋を利用した最大の御得意は将軍家や大名家の奥向きに仕えた奥女中と裕福な商家の後家。それもヤル気マンマンの熟女ということに往々にしてなっている。

◆かつて、東京帝国大学のすぐそばに、根津遊廓があった

不忍池のほとり、池の端に沿って走っているのが不忍《しのばず》通りである。昭和の頃には、上野発、江戸川区今井行きのトロリーバスが運行していた道でもある。池の端の広小路から根《ね》津宮永町《づみやながちょう》まで行くと不忍通りから言問《こととい》通りに入り、上野桜木町から入谷、浅草、業平《なりひら》、押上《おしあげ》、亀戸そして小松川橋を渡って終点の今井まで一時間ちょっとの東京下町の旅が楽しめた。

果たして今回の色街歩きの次の目的地は根津。かつてトロリーバスの通っていた不忍通りを車の排気ガスを吸いながら歩くというのも如何《いかが》なものかと、いきなり弁天島《べんてんじま》を経由する不忍池縦断コースを取ることにした。

これだと二十分ぐらいのショート・カットにもなるし、それでいて池の蓮《はす》を眺めたり、大きな鯉《こい》や白鷺《しらさぎ》の群れを見学したりして、結構〝上野〟散歩を楽しめるのだ。

根津宮永町に入ると、その裏手にある古い下町の町並みを抜けて根津権現《ねづごんげん》の門前町へと歩を進める。あたりには、今でも食べ物屋、酒屋、表具屋、染物屋の古い木造建築が残っていて、江戸下町の風情を伝えている。

▲現在は料理屋になっている
根津の「はん亭」

根津の町は宝永《ほうえい》三年（一七〇六年）に建立された根津権現の門前町が構成されるや、いきなり大見世《おおみせ》や局見世《つぼねみせ》などの遊女屋が現出して繁盛し始めたユニークな町である。それも宝永の見世開き以来、天保《てんぽう》十三年（一八四二年）の水野忠邦《みずのただくに》の天保の改革による取り払いまで百四十年近くも続いた色街であった。

今から当時の様子を推し量るのは難しいけれど、現在の忍岡《しのぶがおか》小学校のある付近を七軒《しちけん》町《ちょう》といって、根津の門前はここから始まって宮永町、鳥居内、門前町と細長く続いていた。

七軒町には引手茶屋《ひきてちゃや》が軒を並べ、宮永町には裏町と同じように下級の切《きり》見世があり、さらに惣門《そうもん》の内部は両側ともに娼家《しょうか》が立ち並んでいた。この有様を「ねづの森　此処《ここ》に四《し》六《ろく》ろの色ねつ美（鼠）有、夜は猶《なお》多くいづ（出）る」と書いている本あり。

こちらの揚代《あげだい》（遊興費）は、大見世《おおみせ》で昼、夜問わず一分ずつ。というから一貫文《いっかんもん》すなわち一千文、今の料金にして一万六千円といったところか。そして下級な四六見世《しろくみせ》は昼が六百文で夜が四百文というから、それぞれ九千六百円と六千四百円に相当するだろう。

根津の岡場所（私娼街）は、権現様の社殿《しゃでん》造営中から、それにかかわった大工、左官などの職人や人夫を相手にした飯屋《めしや》、飲み屋と相俟《あいま》って集まってきた私娼たちによって出来上がった。それにつれて一般の人出も増えて町が繁盛するようになり、権現様をはじめ周囲もろもろが潤った。

その中心勢力ともなった根津の四六見世の客はというと、一も二もなく川柳でも洒落本でも登場する大工などの職人であった。江戸の職人には二種類あって、大工のように外に出かけて行って仕事をする出職《でしょく》と、指物師《さしものし》のように家の中で作業をする居職《いじょく》である。

なかでも出職は、火事の多い江戸だけに、大火後の復興特需《ふっこうとくじゅ》がよくあったことから、給金が高くて、実入りも多くて、金遣いも荒い。つまり彼らが根津の岡場の上客だったのである。

根津の客雨の降る日はむ（群）れて来る
つき合いで左官もまじる大一座
根津のきやく遣ふも三日壱分也
※三日壱分は当時の大工の手間賃

岡場所として人気のあった根津ではあるが、天保の改革で取り潰されてから後は波乱万丈の余生を送ることに。まず、その十八年後の万延《まんえん》元年（一八六〇年）九月に吉原が放火で全焼、その仮宅が根津にも造られ「やれいい思いが」と期待されたが、翌文久元年の十二月で呆気なく終了。店じまい。

幕末も押し迫った慶応四年（一八六八年）に根津の業者たちは遊廓《ゆうかく》の許可を得ようと幕府に働きかけた。その甲斐あって明治二年（一八六九年）に、お国の体制は変わっても四月に公許の根津遊廓が開業した。妓楼三十軒に遊女百二十六人によるスタートであった。

そして明治五年に、遊女の自由廃業を認めた娼妓《しょうぎ》解放令（牛馬きりほどき令）が時の政府によって発せられた。この時までに根津遊廓は順調に伸びていて、女郎屋《じょろうや》あらため貸《かし》座敷《ざしき》が六十九軒、遊女あらため娼妓は約四百人ほどになっていた。

ともかく遊廓は大繁盛。ところが好事魔《こうずま》多しの譬《たと》えのごとく、遊廓の南側に隣接するようにして当時の最高学府である東京帝国大学が出来てしまった。

なかには折角《せっかく》の学業を疎《おろそ》かにするような、向学心のない不逞《ふてい》の輩《やから》も出てくる始末。こと此処《ここ》に至って遊廓がこの地を出ていくか、大学が消え去るか。物議をかもした結果、遊廓が根津からロング・グッドバイ。はるか南東の東京湾の埋め立て地、洲崎《すざき》へと移転したのである。これが後に洲崎パラダイスとも呼ばれるようになった洲崎遊廓だ。

この大移動は見るも壮観だったそうで、時は明治二十一年（一八八八年）六月三十日の早朝から、洲崎の埋め立て地を目指して大八車《だいはちぐるま》に荷馬車に人力車といった具合に〝車〟とつ

▲根津神社

◀谷中にある現在の茶屋。その昔は、この付近に"いろは茶屋"が並んでいたであろう。

くものなら何でも引っ張り出してきて、荷物を満載にして業者も遊女も自らの手で運んだという。

さらに洲崎遊廓は太平洋戦争の勃発後しばらくして、戦況よろしくなくなってから。東京の町が空襲されるようになると、一部の業者ではあるが疎開先を求めて立川などの郊外の色街へと再度の移転をした。これが戦後になっても続いた立川の赤線地帯の錦町楽天《にしきちょうらくてん》地《ち》と羽衣新天地《はごろもしんてんち》であった。まさにフーゾクは不滅であるを地で行くような、しぶとい生き様である。

◆富くじ、おせん、いろは茶屋……寺院と欲望の街・谷中

根津の街から谷中《やなか》へ行くには、不忍《しのばず》通りを一旦宮永町《みやながちょう》の交差点まで戻ってから、言問《こととい》通りを左折して進めばよい。やがて上野桜木町《うえのさくらぎちょう》の信号に出っ会《くわ》す。この角には明治の初めに建てられた酒屋の出桁《だしけた》造りの建物が、下町風俗資料館として一般公開されている。館内には、酒屋で使っていた頃の樽《たる》、秤《はかり》、升《ます》などが展示されていて、かつての商家の様子が窺《うかが》える。

この信号を右に行けば東京芸術大学の構内に、左に行けば春には桜の名所ともなる谷中墓地に。広大な霊園の林立する墓石のなかを通り抜けると、その昔は感応寺《かんのうじ》といっていた天王寺の門前に出る。

このあたりを谷中と呼ぶのは上野（上野台地）と駒込（本郷台地）の中間にある谷間だったからのこと。

寺院密集地区の谷中にあって天王寺は、江戸三富の一つ、今でいう宝くじの発売元として特に人気のある寺院であった。そして、すぐ裏手の東叡山寛永寺から見れば乾《いぬい》（北西）の方角にあたる。ちょうどそれが、鞍馬山が比叡山延暦寺の乾の方向にあたって仏法《ぶっぽう》修《しゅう》護《ご》の役を果たしているのと同様なので、寺格も高く、広大な敷地を擁する寺院とされた。

余談だが、この寺その昔に宗旨が変わったり、山号が変わったり、併せて寺の名前も変わったり、挙げ句に住持《じゅうじ》が遠島仰《えんとうおお》せつかったり。下って維新時の戊辰戦争《ぼしんせんそう》では、彰義隊《しょうぎたい》の分営となったために建物の多くを焼失したり。さらにその後になって敷地の大半を谷中墓地にとられてしまったり。さらに幸田露伴《こうだろはん》の小説で知られる同寺の「五重塔」も、昭和になって心中放火事件のとばっちりで全焼してしまったり。実に何かとあった寺なのである。

その天王寺が富くじを発売して広く人気を集めるようになると、門前の〝いろは茶屋〟と呼ばれる娼家ができ、それと相俟って引手茶屋芸者や台屋《だいや》（仕出し屋）も出現して、賑やかな岡場所となった。

そこでは婀娜《あだ》な酌取女《しゃくとりおんな》が、他所よりかはちょいと強引に客の袖を引っぱっていた。

うろつくとやにはにいろは捕《つかま》へる
すだれから衣のすそをつかまへる

洒落本によると「入相《いりあい》（夕暮）の上野の鐘に花や散りけるいろは茶屋、見し玉簾《たますだれ》の内やゆかしきと、あさき夢みしゑひ（酔い）心地なるべし」と遊里の風情。そして茶屋の店先には簾が掛けられているのが、こちらの特徴であった。そこからヌーッと誘いの手が、客を捕まえるべく伸びるのであった。

ところで、いろは茶屋の名前の謂われについては諸説ある。一つに、門前の茶屋町に娼家が、いろは四十八文字と同じく四十八軒あったから。一つに〝いろは〟と書いた暖簾《のれん》を掛けた茶屋が十数軒あったから。また一つに、近くの谷中清水町《やなかしみずちょう》には、遊興代が五十文の〝五十嫂《そう》〟と呼ぶ安い切見世が古くからあった。江戸時代には九六勘定《くろくかんじょう》といって九十六文を百文に数える算法があり、五十文は四十八文で足りた。それを捩《もじ》って〝いろは〟と言うようになったとか。まさに諸説紛々なのだ。

捩ったついでに、いろは茶屋を寺に見立てて次のように洒落ていう本もある。「色里三十三所六番　谷中いろは寺　御神体苦界《くがい》三年九郎（苦労）本尊、無筆でも遊びは出来るいろは茶屋、夜の谷中でも通ひこそすれ　御初穂《おはつほ》五百文」（色里三十三所）

その後、こちらの揚代は十八世紀のなか頃から殆んどが四六見世になり昼六百文、夜四百文に落ち着いたようである。

谷中の名物には、富くじといろは茶屋、それにプラスするところの、八《や》ッ谷中の色娘＝笠森《かさもり》おせんがいる。

▲江戸の三美人（明和三美人）の一人笠森お仙。彼女のいた茶屋のある笠森稲荷は、かさもり（瘡守）に音が通じるとあって瘡（皮膚病）除けの神として人気があった。

▲著名人の墓の多い谷中墓地。この道を真っすぐに行くと天王寺（以前は感応寺といった）門前に出る。

ともかく美人であったらしい。笠森稲荷の水茶屋の娘おせん。その美しさを表現するのに当時は〝とんだ茶釜《ちゃがま》〟と称した。今だとピンとこない表現だが「その美しきを見て顔を見合わせ、よき女ともほめられず、茶釜になぞらえて、とんだ茶釜と云い出したるとなり」どうも茶釜が美人のたとえのようだったのである。

おせんがどれほど人気があったかというと、十四歳ぐらいから、その容姿は一枚絵、読売《よみうり》（瓦版）、双六《すごろく》、絵草紙《えぞうし》、手拭《てぬぐい》にまで描かれた。果ては、芝居にまで取り上げられている。

そして引き際がよかった。二十歳で結婚するや忽然《こつぜん》と姿を消してしまい。二度と再び衆人の前に現れることはなかった。まるで、後の世の山口百恵のようである。

◆延命院・日潤和尚によるエロ祈禱の顚末は……？

谷中の江戸時代のエロ寺の話である。

江戸時代は、ある種〝性〟の時代だった。男が娼妓を買って享楽するだけではなく、女の中にも、これに負けじと陰間《かげま》などを買って楽しんだ者がいた。男も女も〝性〟、それも遊びとしての性に、とても敏感な時代であったといえる。そんななかで起きた話である。なお、この話は大正から昭和の前半に活躍したジャーナリストの矢田挿雲《やだそううん》の手になる記事が元である。江戸のフーゾクの極端な例として注目されたい。

現在でもJR日暮里駅のすぐ目の前というか、駅から見える谷中の崖の上にある延命院《えんめいいん》という寺が舞台となった。主役は寺の住職で元は歌舞伎役者であった二十歳そこその若い日潤和尚《にちじゅんおしょう》と、その片腕で元盗賊の柳全《りゅうぜん》の二人である。そして相手役には中老初瀬《ちゅうろうはつせ》を初めとする大奥《おおおく》の女中や町方の豊かな商家の後家や人妻、あげくは娘までが含まれていた。

ここで行われているあやしい行為が〝延命院の御祈禱《ごきとう》〟といわれて噂は広がり、江戸市中の婦女のスケベ心をそそったという。

中老初瀬の斡旋《あっせん》で、日潤和尚は大奥にも出頭して、祈禱の役目をうけたまわった。

大奥では、祈禱など、実はドウでもいいのであって、姫君も女中もすべて、深紫の法衣に金襴《きんらん》の袈裟《けさ》をかけた年若な日潤の、絵からぬけ出たような姿を見て、溜息をつきたいのであった。日潤がこの役目を無事に果たして帰ると、柳全の献策で、八王子、飯能方面から大工を招き、秘密の普請《ふしん》にとりかかった。

まず本堂正面の上り口に、葵御紋《あおいごもん》の長持《ながもち》を据え、「御本丸、御西丸《おにしまる》、御祈禱用」と金文字で太く表わした。長持の底を上げると、深い梯子《はしご》が地下室に通じた。地下室は数室に区切られ、床の間の壁を回転し、あるいは袋戸棚からぬけて、隣室に連絡するように造られた。延命院の庫裏《くり》の裏は、今でも高い崖の下に人家を見晴らせる。境内に十分な地積《ちせき》があるから、世間に知れぬ怪奇な普請《ふしん》も自由自在であったのだ。

崖下から仰げば二階に見えて、その実三階であり、三階の床板を剥ぐと、またそこに綺麗な座敷があって、昼も晃々《こうこう》と蝋燭《ろうそく》がともされた。毎朝小暗いうちから押し寄せる信徒のうちで、良家の娘や身分のある年増などは、祈禱に託して、片っ端からこれ等の密室に誘われた。なかんずく大奥の女中は、初めから、何も彼も承知の体《てい》なのが多かった。

日潤が、脹《は》れぼったい眼に、滴《したた》るばかりの愛嬌をたたえて、祈禱にとりかかろうとするとたんに、もしいささかでも反抗のけぶりを表わす者は、もがくというほどももがかぬ間に、バッタリと眠りに落ちた。かつて長崎で和蘭《オランダ》商人の通詞《つうじ》をしていた寺侍《てらざむらい》の森山丈之助が、江戸へ帰りしなに盗んできた麻薬と、その処方とが役に立って、数十人の貞操を蹂躙《じゅうりん》した。日潤は一つの祈禱がすむと、壁をまわして次の部屋へ現れた。祈禱の結果身重になる者があれば、さらにまた莫大な祈禱料を科して、身軽にしてやった。

大奥と僧侶——この二大禁欲世界の結びつきが噂になりながらも、延命院の淫妖《いんよう》な別世界はしばらくは平穏であった。日潤は相変らず色を売り、柳全は相変らず日潤のお古を頂《ちょう》戴《だい》し、祈禱料をつかみ出しては、悪所通いに余念もなかった。しかし偶然のことから、日潤以下の悪事が、町奉行根岸肥前守《ひぜんのかみ》の耳に入り、さしもの伏魔殿《ふくまでん》に検挙の手が及ぶこととなった。

享和《きょうわ》三年（一八〇三年）の七月、寺社奉行と町奉行が連携して日潤以下を捕縛した。その結果、日潤は死刑、柳全は市中引回しの上、品川で磔刑《たっけい》、寺を造った大工どもは八丈その他へ遠島《えんとう》を仰付《おおせつ》けられた。日潤の首は、公儀《こうぎ》をはばかり、延命院の近くの別の寺の藪の中にこっそり埋められた。

一方で日潤の祈禱を受けた女どもは、すべてを被害者とみなし、日潤一人を加害者とし

▲正式名、護国山尊重院天王寺の境内

▲広重『江戸土産』谷中天王寺
中央区立京橋図書館

て一件落着させた。

何しろ被害者（？）のなかには、大奥の中老を初め御西丸の老女、御三家の小姓の十八歳の娘、大名家の家来の娘。町家の方では、後家、芸者、人妻、妾《めかけ》、娘、比丘尼《びくに》など五十数名がいた。年齢にすると十五歳から六十歳までの被害者が、喜んでせっせと日潤に入れ揚げたのである。

〈コラム〉かつては新橋と並ぶ賑わい。今では屋形船を残すばかりの色街――柳橋

神田川が隅田川に流れ込む合流点にあるのが明治の時代になって大繁盛した色街の柳橋《やなぎばし》である。それというのも天保《てんぽう》の改革の大取締りで、江戸の岡場所《おかばしょ》が壊滅状態になった際に、深川から羽織芸者＝辰巳芸者が大挙して避難してきて、御当地《ごとうち》の隆盛に大きく貢献したからだ。

それでなくとも柳橋は水運の便のやたら良いところである。新吉原《しんよしわら》に猪牙舟《ちょきぶね》で通うにも、深川の岡場所に屋根船《やねぶね》で出かけるにも、御当地の船宿《ふなやど》を使うのが実に重宝な土地柄であった。そこで幕末の安政《あんせい》の頃（一八五四～六〇）には、船宿が約三十軒ほど、料亭《りょうてい》が約二十軒ほども立ち並んでいたという。

特に、こちらの客層には粋《いき》な文人墨客《ぶんじんぼっかく》や諸大名の江戸留守居役《えどるすいやく》などが多く集まって一大社交場のような感を呈していた。もちろん、そのような宴席には芸者衆《げいしゃしゅう》が華を添えていたのであった。

柳橋が大いに繁盛したのは明治になってからで、当時は新橋《しんばし》と相俟《あいま》って二橋《にきょう》といった。新橋が維新政府《いしんせいふ》側の要人や財閥《ざいばつ》などの新興勢力に支持されたのに対して、こちらは旧来の

日本橋《にほんばし》や兜町《かぶとちょう》にある財界の勢力との結びつきが強かった。

御当地を語るに忘れてならないのは、江戸の頃から昭和まで続いた両国《りょうごく》の川開きである。大川《おおかわ》（隅田川《すみだがわ》）に面した料亭には川面《かわも》に突き出した涼み台が作られていて、そこから見る打ち上げ花火の素晴らしさは江戸っ子の自慢の種だった。「玉屋《たまや》〜っ！」「鍵屋《かぎや》〜っ！」の声が掛かるなかで、浴衣姿の芸者と眺める花火の楽しさよ。

しかし、このような江戸情緒纏綿《てんめん》とした色街の柳橋も、平成の声を聞くや、都市再開発の波のなかで敢《あ》えなく沈んでいってしまった。現在では街の多くがマンションになってしまい、その間にわずかにお稲荷《いなり》さんと、取り壊しを待つだけといった様子の木造建築や黒《くろ》板塀《いたべい》が残っているくらいだ。

柳橋界隈《かいわい》には、何かと興味深いフーゾク・ポイントが揃っている。神田川のたもとには、今では女学校になっている敷地に、かつては関東郡代《かんとうぐんだい》の屋敷があって、その跡地が矢場《やば》になっていた時代があった。矢場女のあげる「当たり〜ぃ」の派手やかな嬌声《きょうせい》が響きわたる色街だったのだ。また、その先のお茶の水あたりまでの神田川沿いを柳原《やなぎはら》の土手《どて》といって、毎晩茣蓙《ござ》を持って出る夜鷹《よたか》の本場でもあった。

◀玄人女性が化粧をする時には諸肌(もろはだ) を脱いで白粉(おしろい) を塗るところから始める。実に色っぽい!
豊国・国久『江戸名所百人美女』 柳はし国立国会図書館

▲鉄砲洲あたりで屋根船に乗る町芸者。髪を梳(と) かして提灯(ちょうちん) の明かりを消して。船の上でのお仕事、お仕事。
豊国・国久『江戸名所百人美女』 鉄炮洲 国立国会図書館

◀これから本所吾妻橋のたもと、いつもの仕事場(?) へ出勤途中の夜鷹が二人。
豊国、国久『江戸名所百人美女』 大川橋里俗吾妻はし 東京都立中央図書館特別文庫室所蔵

第六章

ドブ店、十二階そして六区　浅草を歩く

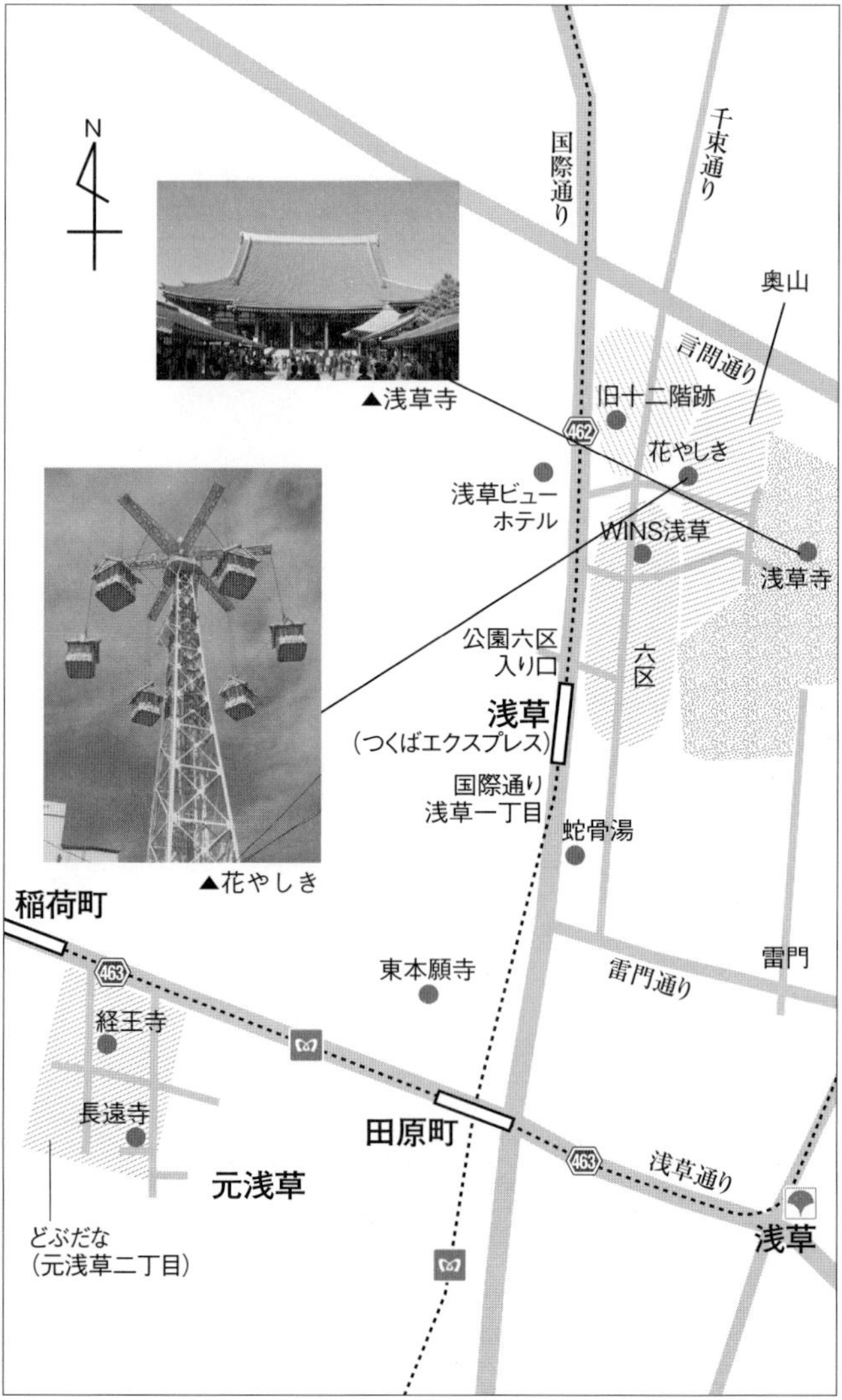
N
国際通り
千束通り
奥山
言問通り
▲浅草寺
旧十二階跡
462
花やしき
浅草ビュー
ホテル
WINS浅草
浅草寺
公園六区
入り口
六区
浅草
（つくばエクスプレス）
国際通り
浅草一丁目
蛇骨湯
▲花やしき
稲荷町
463
東本願寺
雷門
雷門通り
経王寺
長遠寺
田原町
463
浅草通り
元浅草
浅草
どぶだな
（元浅草二丁目）

▲第六章関連略図

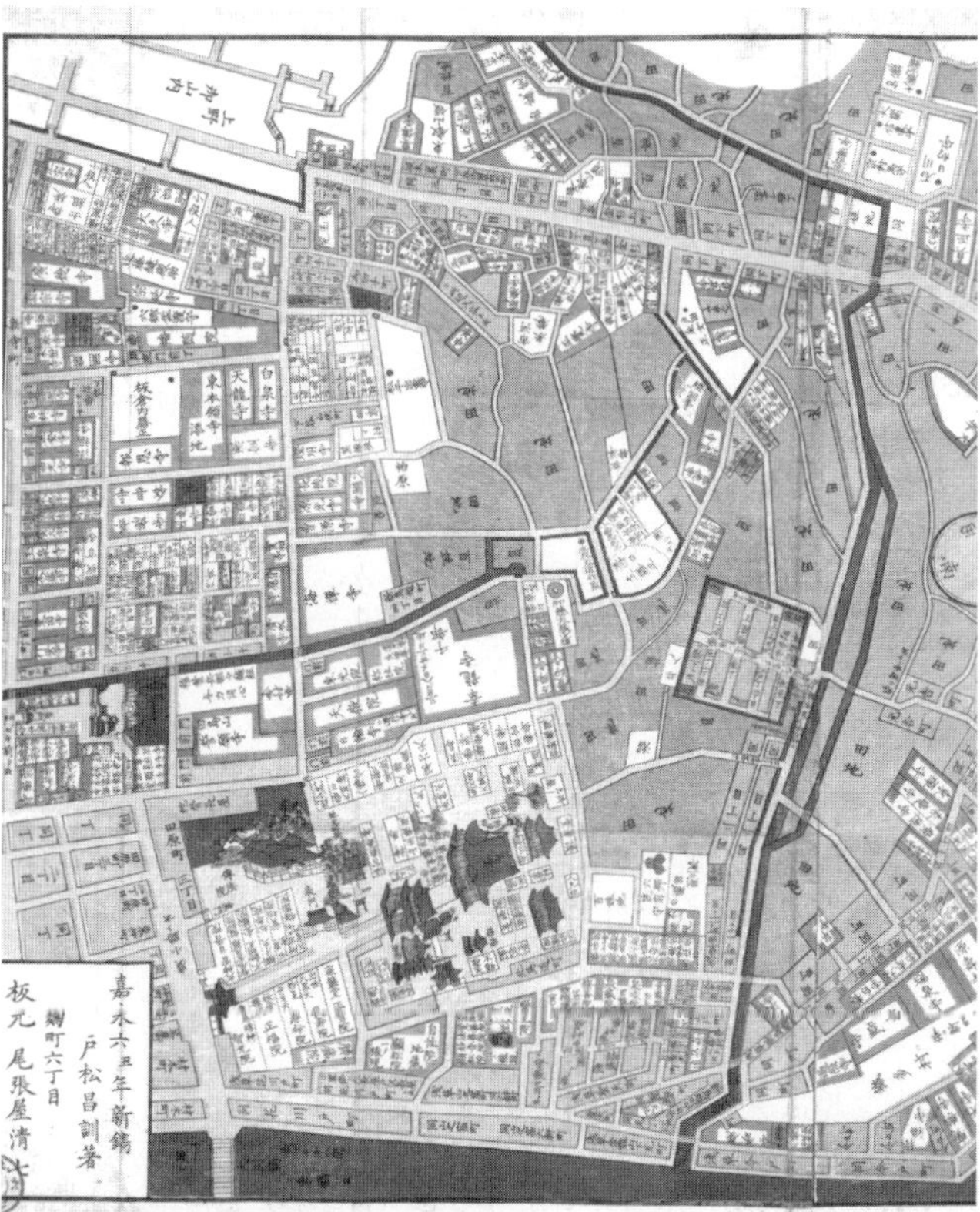

▲江戸切絵図『今戸箕輪浅草絵図』(一部)
景山致恭,戸松昌訓,井山能知 編 国立国会図書館

遊廓の吉原だけではなかった、浅草の色街

浅草が金龍山浅草寺《きんりゅうざんせんそうじ》の門前町として開けたのは遠く平安時代のこと。そして江戸の町の盛り場となったのは元禄《げんろく》の頃からであり、江戸中期以降は御府内《ごふない》でも随一の繁華な街として明治、大正、昭和の前半を通じてその人気を維持し続けた。

そして人が集まれば、当然のように女の色気を売り物にするフーゾク業が現れる。まして御当地の北側には浅草田《た》んぼを挟んで天下の色街・吉原が控えているのだから。しかしそこまで行くのは面倒だ。その上、料金は高いし、やたら格式ばってもいる。それらを嫌う庶民は少なくなかった。

そこで手近に済まそうと、浅草周辺には、時代とともに岡場所や私娼窟《ししょうくつ》などの色街が次々と出現したのである。そのなかのいくつかを眺めてみると。

まずは、ドブ店《だな》から。浅草通りを上野方面から歩いてくるなり、日本最初の地下鉄である銀座線で上野から一駅の稲荷町《いなりちょう》駅で下車するなりしてもよい。そのあたりを「ドブ店《だな》」といった。今の元浅草《もとあさくさ》二丁目付近のことである。

「どぶだなのお祖師様《そしさま》」と呼ばれた日蓮宗《にちれんしゅう》の長遠寺《ちょうおんじ》や経王寺《きょうおうじ》、蓮妙寺《れんみょうじ》、善慶寺《ぜんけいじ》などの

▲浅草と上野の間にあるドブ店を洒落て書けば"土富(ドブ)"となる。この周辺の寺院の門前は殆どが岡場所だった。

▲いまやドブ店の周辺も都市化の波のなかでマンション街に。

▲江戸の二大悪所といえば遊廓の吉原と芝居の猿若町(さるわかちょう)。二ヶ所は浅草の近くで寄りそうようにしてあった。
広重『名所江戸百景』 猿わか町よるの景(現在の台東区浅草6丁目付近)

▲浅草奥山の水茶屋には美人の茶屋女が多い。それを目当ての客も集まってきて大変な繁盛ぶりだった。
豊国・国久『江戸名所百人美女』浅草寺 国立国会図書館

寺院の門前地すべてをドブ店といって、安い料金で遊べる私娼窟であった。新寺町《しんてらまち》通りの南側には、江戸の中期から後期にかけて、店の種類でいうと四六見世《しろくみせ》とか、チョンの間半の五十嫂《そう》と呼ばれる切見世《きりみせ》があった。

それにしてもドブダナとはなんともユニークな名前である。『色里名所かがみ』によると「泥中庵《でいちゅうあん》という庵《いおり》あり、ここに中将姫《ちゅうじょうひめ》の曼荼羅《まんだら》あり、村名院号にも汚れず、蓮の糸筋四六《しろく》見える、庵の脇にほり切有」この、ほり切がドブのことなのだろう。

今でも、このあたりには多くの寺院や神社が密集している点は、昔とそれほど変わっていない。国際通りに行き着くまでの、浅草通りの両側、及びほんの少し奥まったところまでを含めて一大寺町になっている。それもあってか、通りに面しては、仏壇や仏具などを商う店が連なっていて一種独特な雰囲気を漂わせている。これを抹香臭《まっこうくさ》いというのだろうか。

さらに、その新寺町通りをわずかに一筋進むだけで、そこはもう柳稲荷《やなぎいなり》横丁ともいわれた大乗院門前《だいじょういんもんぜん》であって、またの名を浅草柳下《あさくさやなぎした》という別の岡場所になってしまう。そしてこちらには二百文で遊べるチョンの間の見世が並んでいたのである。

その隣になると万福寺門前《まんぷくじもんぜん》といって、こちらはこちらで同じチョンの間ではあるけれど一回が五十文とさらに安く遊べる五十嫂《そう》という見世が並んでいた。

このように新寺町通りには寺院と岡場所がセットになってズラリと並んでいたのだ。もう少し書いておくと、さらに菊屋橋《きくやばし》の手前の北側で、（東本願寺）門跡《もんぜき》より西側にあたる一画を当時は堂前《どうまえ》と言っていた。堂前とは、昔こちらに京都の三十三間堂《さんじゅうさんげんどう》の分院があったことから名づけられたものだが、元禄の時代に深川に移転した。その跡地に局長屋《つぼねながや》が百軒近くも建てられて大いに繁盛したようである。一ト切《ひときり》二百文で、泊りは金二朱の岡場所であった。

堂前は天保《てんぽう》十三年（一八四二年）三月に取り締まりの憂き目に会うのだが、この時には店頭（オーナー）を始め女郎屋亭主、局女郎八十余名、路地番までが揃って捕縛されている。

ある店のオーナーの徳兵衛と倅《せがれ》の徳次郎は島流しに、亭主は百日手鎖《てぐさり》、女郎たちは親元に引き渡された。その上で、親元、判人《はんにん》に過料《かりょう》が申し渡されたとある。それにしても、堂前の一画だけで娼婦が八十人以上もいたとは驚きである。

浅草付近にはこれ以外にも、かつて朝鮮通信使が宿舎にした東本願寺の敷地内の跡地を岡場所にした朝鮮長屋（浅草六尺屋舗）。遊びの料金が金一分というから今にして一万六千円もする高額なチョンの間の馬道《うまみち》。さらに三島門前《みしまもんぜん》（三間町《さんげんちょう》）や金竜寺門前《きんりゅうじもんぜん》などの岡場所が散在していた。

江戸の男たちの好色ぶりが思いやられるところである。

▲浅草六区は現在も演芸場や
寄席などの集中する遊興街。

▲人力車は今でも人気の浅草名物

◀浅草公園の十二階（凌雲閣）と仁丹の看板が見える。その手前の池が浅草名物の瓢箪池（ひょうたんいけ）。

▲関東大震災で十二階も下の私娼窟も吉原も全てが灰燼（かいじん）に帰した。恐ろしいこと、恐ろしいこと！
『東京市震災繪葉書』（－中段ヨリ崩壊セル浅草十二階 大正12年９月１日東京大震災実況）中央区立京橋図書館

◆あの石川啄木も沈淪した、明治大正期の十二階下

浅草通りを田原町の交差点までやってくると国際通りにぶつかる。ここを左折して進めば右手に雷門《かみなりもん》の前に達する浅草広小路、今の雷門通りがある。その角のあたりは、かつて蛇骨長屋《だこつながや》と綽名《あだな》されていた一画で、現在でも蛇骨湯《だこつゆ》という銭湯が残っている。

さらに直進すると左手に浅草ビューホテルが建っている。ここはその昔、通りの名前にもなっている国際劇場があった場所。フーテンの寅さんの妹さくら役で活躍した倍賞千恵子《ばいしょうちえこ》や、その妹の美津子《みつこ》が所属していたＳＫＤ（松竹歌劇団）が派手やかにライン・ダンスなどのショーで楽しませてくれた劇場の跡地である。

その大通りを挟んでの右側一帯が、浅草六区にあたる。明治になって都市公園として浅草寺境内を中心に五区に分けた浅草公園を整備したが、その後新たに六区と七区が追加されたのである。その六区は、おもに映画館、劇場、演芸場などが集中し興行街として発展した。

六区の北側を映画館街に沿って入っていくと、ＪＲＡの場外馬券売場＝ウインズの前に出る。斜め前方には江戸時代からある遊園地の花屋敷（現：浅草花やしき）がある。

実はその左後方、ひさご通りのアーケードの入り口にあたるところが明治二十三年から

関東大震災までの間、一般的には〝十二階《じゅうにかい》〟の名前で親しまれた凌雲閣《りょううんかく》の赤レンガ造りの建物が建っていた。いってみれば、その頃の浅草のランドマーク・タワーである。

そのふもとのあたりのさほど広くもない一画が明治、大正時代に〝十二階下〟といわれた私娼窟であった。ちょうど、国際通りとひさご通りに挟まれ、さらに六区の北外れの道と言問《こととい》通りに囲まれた場所である。その中には、松シンミチ、桜シンミチ、米久シンミチ、貝殻シンミチ……といった人一人がようやく通れるような細い石畳の新道と呼ばれる路地が、縦に横に斜めに曲がりくねりながら迷路をつくっていた。途中で行き止まりになっているシンミチも多い。通り抜け出来ません！なのだ。

この細い新道に沿ってギッシリと並んでいるのが銘酒屋《めいしゅや》であった。軒数にして七百軒もあったろうか。銘酒屋とは、名目上は読んで字のごとく、銘柄の良い清酒を置いてあって、それを飲ませてくれる飲み屋のはずだが。本当のところ、銘酒とは名ばかりで満足な酒さえ置かずに、ただ酒の相手をしてくれない酌婦《しゃくふ》がいるだけの店であった。

〝目ばかり窓〟といって、なかにいる女の顔の一部しか見えない小さな窓越しに覗き込んで、相手を決める。女は見えても見えなくても大抵は立膝《たてひざ》をしていて、着物の裾から帯のすぐ下までをたくし上げていた。客は見立てた銘酒屋女の背後の三畳間ほどの小間に上がってセックスをするだけのこと。これでチョンの間が三十〜五十銭、泊りでも一円といった安さなのであった。

彼女たち銘酒屋女を白鬼《しろおに》とも白首《しらくび》ともいった。顔や首に白粉を濃く塗りつけることからついた名前である。彼女たちは、十二階からあまり遠くない下谷の万年町《まんねんちょう》や山伏町《やまぶしちょう》などの貧民街の娘もいれば、近郷の農家の娘もいたが、なかでも手腕を発揮したのは全国の料理屋を股にかけて渡り歩いた達磨《だるま》（容易に転ぶ私娼）上がりのお姐《ねえ》さんたちであった。

彼女たちにかかると、細い路地を歩いているうちに、店の内側から素早く手が伸びてきて眼鏡だろうが、胸に差した万年筆だろうが、手に持つ鞄だろうが瞬時に奪われてしまう。こうなると見立てどころではなく、やむを得ずにその女の部屋に上がることになる。

十二階下には、あの詩人の石川啄木もかなりの頻度で通っていた。そのことは、彼が女房にも知られないようにこっそりとローマ字で書き綴《つづ》った『ローマ字日記』に克明に書き込まれている。

ともかく燃えるような文学的な野心を抱いて上京してきた啄木が、世に受け入れられずに私娼窟の深みに沈淪《ちんりん》する日々を正直に記した日記だ。明治四十二年（一九〇九年）四月十日のくだりには「予は去年の秋から今までに、およそ十三〜四回もいった、そして十人ばかりのインバイフを買った。ミツ、マサ、キヨ、ミネ、ツユ、ハナ、アキ……」とある。

◀十二階下の銘酒屋街は、何故か今は焼肉屋街になった感じ。

▲浅草名代のストリップ劇場も、いまや一軒だけ。ビートたけしも漫才をしていたロック座。

◆「花やしき」付近に栄えた、かつての色街の奥山《おくやま》

六区から浅草寺の本堂に向かう手前から裏手にかけての一帯を五区といった。でもそれは明治以降のこと、それ以前は奥山《おくやま》といって浅草では最も繁華な場所であった。ここには見世物小屋《みせものごや》、写真屋、矢場《やば》、独楽《こま》まわし、居合抜きといった人寄せの輪に混ざる様にして軒を並べていた。

ド〜ンドンドン　当たぁりーぃ！

元気な太鼓の音とともに婀娜《あだ》っぽい女の嬌声《きょうせい》が店の奥から響いてくる。奥山名物の矢場＝楊弓場《ようきゅうば》の店内で、今しも客の射った楊弓の矢が、狙った的に適中したところである。

楊弓とは遊戯用の小さな弓をいうが、これを使って的を射る矢場が、江戸時代の後期に浅草の奥山、馬喰町《ばくろちょう》（柳橋の章参照）の郡代屋敷、芝の神明前など市中の盛り場で大いに流行った。今風にいえば射的ゲームである。

遊戯の楊弓とフーゾク遊びが、一体何処《どこ》で何時《いつ》ごろ、くっついたかは定かでない。客が弓を射る。満足に的に当たらなかった矢が的場の床に散乱する。それをうら若い女の子が四ツ這いになって拾って歩く。

なかには着物の裾《すそ》から赤い腰巻をのぞかせてお尻振り振り這ってまわる娘も。どうにもこの景色が男のスケベ心をそそるようだ。なんとも扇情的《せんじょうてき》な図であった。

的場の裏手ないし二階には、どこの店でも三畳ほどの小間が二つ三つはあったもの。これを利用しない手はない。いつの間にか小部屋を使って、何かと用を足そうとする客が出てきた。そしてそれに応える矢場女も、当たり前のように登場してくる。さらに店の外に出掛けて行っては、待合などで用を足そうとする連中まで。つまり、店の奥へ咥《くわ》えこむ手と、他所《よそ》へ連れ出す手の二つの楽しみ方が娼売になるように。

このような、訳のわからないうちにフーゾク化する店を昔は〝曖昧屋《あいまいや》〟と呼んだ。浅草でいえば奥山を中心に跳梁《ちょうりょう》した矢場。それの変化形である六区と十二階下を中心に跋扈《ばっこ》した銘酒屋。さらにその発展形である新聞縦覧所《しんぶんじゅうらんしょ》や造花屋などが代表例である。断わっておくが、新聞縦覧所も造花屋も、新聞や花は商品の本筋ではなくて取締当局の目を欺《あざむ》く隠れ蓑《みの》であった。新聞を眺めに来たという客、花を買いに来たという客を、しかるべき場所にいる女のところへと案内するのが商売だった。

そのような曖昧な仕事が、かつては市中の盛り場で幅を利かせていた。明治の初めには浅草の奥山と六区だけでも矢場と銘酒屋の曖昧屋連合軍は優に百軒以上もあったという。

江戸一の繁華街・浅草の賑わいは昭和の終わり頃までは続いた。

『東都金龍山浅草寺図』(1820年)フィッツウィリアム美術館, ケンブリッジ大学, イギリス

浅草寺の仲見世を上空から。

▲奥山では矢場が多くの客を集めていた。矢拾い女＝矢場女は江戸後期から明治の頃の代表的な娼婦だった。豊国・国久『江戸名所百人美女』 芝神明　東京都立中央図書館特別文庫室所蔵

▲奥山手前にある銭塚地蔵尊。この周辺は浅草の町のなかでも唯一戦火にあわなかった場所。地蔵尊と淡島様あたりである。

いまの奥山付近から眺めた▶浅草寺本堂とスカイツリー。

「矢場の姐さん破れから傘よ　ドンガラガン　させそうでさせぬ　ドンガラガン……」とは明治の頃に流行った唄である。しかし、その頃には「させそうでさせぬ」などという曖昧なものではなかった。幕末にはすでにはっきりと娼売になっていたのだ。

矢場の構成は、営業許可の鑑札《かんさつ》を持つ〝おっかさん〟がいて、店の看板女の〝姐さん〟がいて、その下に雇い女の、矢場女とも〝矢返し〟とも呼ばれた矢を拾うのが表向きのお仕事の娘たちがいた。彼女たちは十五、六歳から二十三、四歳の年恰好の子が殆どだが、中心勢力は十八～二十歳である。この年齢構成は、年下のほうはさておいて、現在の人気フーゾクのキャバクラにそっくりなのだ。参考までに。そして矢場は、おっかさんと姐さんと、年頃の矢返しが三、四人。それにお手伝いの小女の総勢六～七人の女系家族で成り立っているのである。

なお、それ以外に助っ人的な存在として出居衆《でいし》（店に属さず出来高払いで給金を貰う）の客分格の女を置く店もあった。大抵の出居衆は頗るつきの美女だった。もちろん彼女たちの色のほうの付き合いは、お手の物である。

浅草をめぐる色街模様は以上で殆どだが、もう一つだけ気になるのを挙げておくと仲見世にあった二十軒茶屋である。それ以外にも御当地には広小路だろうが並木町（広小路の入り口付近）だろうが浅草寺東側の矢大臣門《やだいじんもん》周辺だろうが、いたるところに茶屋があった。それも、ただ茶菓を提供するだけの茶屋ではなく茶汲女が身体ごと提供してくれる茶屋もある。表は水茶屋なのに、裏では奥の個室でドーゾなのだ。

　これが盛り場であり、色街なのである。

▲『浅草公園第六区』劇場街にはためく幟（のぼり）が見える
中央区立京橋図書館

〈コラム〉売防法で消滅した大正〜昭和の色街「玉《たま》の井《い》」

別名キングポイントともいった玉《たま》の井《い》は。と、ここで別名の講釈からしておく。キングは王様。王の字に点を付け加えれば玉の字になる、という他愛のないネーミング。

その玉の井は、大正になって色街になった墨田区の東向島にあった新参《しんざん》の町なのである。関東大震災で焼け出された浅草の十二階下の私娼窟《ししょうくつ》だった銘酒屋街《めいしゅやがい》の一部が移転してきて出来た街だ。

街のなかには間口一間《いっけん》（一・八メートル）ほどの小さな銘酒屋《めいしゅや》が庇《ひさし》を接するように犇《ひし》めき合い、迷路のように曲がりくねった路地が縦横に走っていた。「ぬけられます」「ちかみち」と書かれた看板が街のアチコチに掲げられている様子は、まさに東都のラビリンス＝迷宮だった。

大震災からわずか三年後の大正十五年（一九二六年）三月には、街のなかに銘酒屋三百五十軒、娼婦《しょうふ》は六百五十三人がすでに集まっていたという。たとえ、どんな手ひどい災害にあっても決して潰《つい》えないフーゾク業の逞《たくま》しさをここでも見させられる。さらに十年も経たないうちに街の娼婦の人口は約二千人にまで増えていたようだ。

そして戦前のカフェ時代から戦後の赤線《あかせん》時代を経て、例によって昭和三十三年（一九五

▲町の芸事のお師匠さん。彼女たちも色気で売る女性であった。
豊国・国久『江戸名所百人美女』日くらしの里　国立国会図書館

▲スカイツリーの周囲には玉の井、鳩の街、本所吉田町、吉岡町と多くの私娼街があった

▲浮世絵の三味線を持つ女性像は殆ど例外なく、芸者を描いたものだ。
豊国『江戸名所百人美女』よし町 東京都立中央図書館特別文庫室所蔵

▲路地に対して斜に入り口を構えるのは色街の流儀

▲鳩の街商店街の看板

▲入口はタイルや化粧石でモダンに

▲この道幅は、まだ広いほうだ

八年）の赤線廃止で色街としては終わってしまった。しかし街は消えても建物は残る。現在に至るまで街のそこかしこに往年の特殊飲食店の面影を宿した建物がいくらか残っている。だが先頃の東日本大震災でかなりダメージを食ったようで、その後の取り壊しが進んでいる。かつての特飲街《とくいんがい》の建造物を眺めたいのなら早く現地に行ったほうがよい。

玉の井を有名にしたのは『濹東綺譚《ぼくとうきだん》』の永井荷風《ながいかふう》であろう。

そして玉の井のすぐ隣の色街・鳩《はと》の街を芥川賞受賞作品『驟雨《しゅうう》』で有名にしたのは吉行淳之介《よしゆきじゅんのすけ》である。こちらは戦後に出来た色街だ。戦災で焼け出された玉の井の業者たちが、墨田区を南北に通る水戸街道《みとかいどう》の、玉の井よりは気持ち南側、京成《けいせい》電車と東武《とうぶ》電車の曳舟《ひきふね》駅の近くに移って民家のなかに造った色街がピジョン・ストリートこと鳩の街なのだ。

こちらは現在も鳩の街商店街として、ありし日の街の面影《おもかげ》を比較的良く保存している風情のある街である。そのせいか休日などには、カメラ片手のギャルたちが街の中を散策する光景がよくみられる！

玉の井も鳩の街も水戸街道沿いにあるけれど、ここからもう少し南下すれば今人気の東京スカイツリーのある押上《おしあげ》だ。このあたりスカイツリーを起点にのんびり散歩しても半日もあれば十分。楽しい散歩コースである。

料理茶屋の二階はアブない男女の邂逅（かいこう）の場になる。秘め事を楽しみながら、こちらをうかがう男の眼。
喜多川歌麿『歌満くら』大錦十二枚組物

機会さえあれば料理茶屋の座敷も男女交歓の場所になる。
北尾政演『欠題組物』中錦十二枚組物

おわりに

マスコミ報道の大仰《おおぎょう》なことには、ほとほと呆れ返るばかりである。人の不幸をワイワイ騒ぎ立てるのが彼らの商売なのかもしれないが、それにしても大袈裟《おおげさ》すぎないだろうか。マスコミがヤイノヤイノ騒いだって、どうにかなるものでもないだろう。事が起きてしまえばそれまでなのだ。何を今さらの〳〵くよくよ川端柳《かわばたやなぎ》なのである。ばか騒ぎするだけ無駄なこと。ましてや、それを飯の種にしようっていう根性はさもしいばかりである。かといって、実に世知辛《せちがら》い世の中になったもの。などとTVのニュースを斜に構えて眺めているだけというのも情けない。

そこで色街散歩だ。書を捨て、ではなくTVを捨てて街へでよう。何処《どこ》の色街だって構いはしない。でも共通して言えるのは、色街には目的があるということ。だが、それをあからさまに露出したら詰まらなくなる。そこで街の住人は知恵を絞るのだ。それを探し出して感じとってみよう。

面白いのは、色を鬻《ひさ》ぐという大目的を持ってかつて存在していたり、いま存在したりする街には、それなりの表情を持っている。そう、その街なりの色合いを持っているということなのだ。大目的は一緒でも、みなそれぞれの顔を持っている。

それでいて、どことなく現実離れをしているところもあったりして。古い色街にも、新しい色街にも、廃《すた》れてしまった色街にも、色街にしかない時間が流れ匂《にお》いが漂い景色がある。

あらゆる面倒な現実から、ひょいと我が身を引き離してくれる非日常。別に、上がらなくてもいい。客にならなくたっていい。ただ、騒ぐだけでもいい、素見《すけん》で十分だ。

ともかく大袈裟で押しつけがましくなってしまった社会から、一歩異なった世界へ。色街の散歩は、そんな世界へ我々を運んでくれる。

二〇一三年春　　岩永文夫

■参考文献
『川柳吉原志』西原柳雨著、春陽堂、一九二七年
『かくれさと雑考』上林豊明著、磯部甲陽堂、一九二七年
『江戸から東京へ』矢田挿雲著、中公文庫、一九七六年
『吉原』石井良助著、中公新書、一九六七年
『江戸秘語事典』中野栄三著、慶友社、一九九三年
『猥褻風俗辞典』宮武外骨著、河出文庫、一九九六年
『洒落本大成』全29巻、中央公論社、一九七八年
『川柳末摘花輪講』全４篇、太平書屋、一九九六年
『三田村鳶魚全集』全27巻、中央公論社、一九八三年
『未刊随筆百種』全12巻、三田村鳶魚編、中央公論社、一九七六年
『角川日本地名大辞典㈺東京都』竹内理三他編、角川書店、一九七八年

▲一立斎広重『東都名所図』〔東〕都名所〔新〕吉原〔五〕丁町〔弥〕生花〔盛〕
全図国立国会図書館

岩永文夫（いわなが　ふみお）
東京都生まれ。風俗評論家。明治大学除籍。『新譜ジャーナル』編集長を経て、音楽評論、レコード・プロデュースなどを手がけ、80年代より夕刊紙、週刊誌等の風俗評論で活躍。著者には『フーゾクの日本史』『新・フーゾクの経済学』（講談社＋α新書）『フーゾクの経済学』（ワニのNEW新書）、『フーゾク進化論』（平凡社新書）、『ザ・ストリップ――華麗なる裸の文化史』（DVDブック、日本ジャーナル出版）などがある。

江戸《えど》色街《いろまち》散歩《さんぽ》

二〇一三年五月二〇日　初版第一刷発行

筆者◎岩永文夫

発行者◎菅原　茂
発行所◎KKベストセラーズ
東京都豊島区南大塚二丁目二九番七号　〒170-8457
電話　03-5976-9121（代表）　振替　00180-6-103083
http://www.kk-bestsellers.com/
装幀◎坂川事務所
本文デザイン◎木村慎二郎
DTP製作◎アイ・ハブ
印刷所◎近代美術
製本所◎ナショナル製本

ISBN 978-4-584-12407-9 C0226, Printed in Japan,2013

ベスト新書
407